Out In The Open

Out In The Open

Cathal Ó Searcaigh

Translations by Frank Sewell

Cló Iar-Chonnachta
Indreabhán
Conamara

Out In the Open
was first published in 1997 by
Cló Iar-Chonnachta Teo., Indreabhán, Conamara, Éire/Ireland.
Fón: 091-593307   Fax: 091-593362

ISBN 1 900693 74 7

Cló Iar-Chonnachta receives financial assistance
from The Arts Council (An Chomhairle Ealaíon)

Cover Painting: The Bathers c. 1889 by Henry Scott Tuke
        by kind permission of Leeds City Art Galleries
Cover Design: Johan Hofsteenge
Design: Cló Iar-Chonnachta Teo.
Printed and bound in Ireland by
        Clódóirí Lurgan Teo., Indreabhán, Conamara
        Fón: 091-593251/593157

Poet

Cathal Ó Searcaigh has, over the past decade, emerged as one of Ireland's most distinguished modern day poets. "His confident internationalism" according to Theo Dorgan, writing in *Irish Poetry Since Kavanagh*, (Four Courts Press, 1996), "has already begun to channel new modes, new possibilities, into the writing of Irish language poetry in our time." Ó Searcaigh is fast becoming a poet of international renown – particularly since the publication of his bilingual collection *Homecoming/An Bealach 'na Bhaile* (Cló Iar-Chonnachta 1993). Selections of his work have already been published in German and Italian. A French edition of his poems, titled *La Chemin Du Retour/Pilleadh an Deoraí*, edited by A.J. Hughes, was issued by the publishing house La Barbacane in Paris in 1996. A Catalan edition is forthcoming from Columna in Barcelona.

In the past two years Cathal has read his work at Arts Festivals and literary celebrations in Belgium, Italy, France, Germany, Spain, Wales, Scotland, England and Canada. His readings and his talks at the L'Imaginaire Irlandais festival in France and at the Frankfurt Book Fair in Germany gained him international acclaim in 1996. He has held various posts as Writer in Residence in universities throughout Ireland – North and South – since 1993. In the spring of 1995, he was elected a member of Aosdána. His latest collection *Na Buachaillí Bána* (CIC 1996) has received more media coverage than any other volume of verse published in the Irish language in recent years. "The best poems in the collection," according to The Irish Times, "are exceptional and single Cathal Ó Searcaigh out, not so much as a maker of poems – of which the Irish language has its fair share – but as one of our finest working poets. This is not meant as faint praise but as a statement of fact."

Translator

Frank Sewell, from Belfast, born 1968, attended the University of Belfast 1989-1993 studying literature and Russian, currently conducting research into modern poetry in Irish at the University of Ulster at Coleraine; a musician and songwriter; Irish language editor of the *Honest Ulsterman* magazine; poems published in *Lá*, *Comhar*, *An Dubh-Thuaisceart* (anthology), *Poetry Ireland*, *Cyphers*, *H.U.*, *Brangle* (anthology), *Orbis*, etc.; joint first collection (with Francis O'Hare) *Outside the Walls* due in March 1997 from An Clochán (Belfast).

ACKNOWLEDGEMENTS

Acknowledgements are due to the following publications where these poems first appeared: Comhar, An tUltach, Fortnight, Innti, The Honest Ulsterman, Poetry Chicago, Gay and Lesbian Visions of Ireland, Gay Community News, Poetry Ireland Review, A Crazy Knot (Sea-court Print Workshop); The Birth of Seosamh Finn (The Old Museum, Belfast).

Grateful acknowledgement is also made to Radio 1 (RTÉ), especially The Arts Show and Poetry Now; to RTÉ 1 and Cúrsaí Ealaíne for its highly praised documentary on Cathal Ó Searcaigh – Gúrú na gCnoc – at the Frankfurt Book Fair; to Ann Craig of Meascra (BBC Radio Ulster) for her remarkable interviews with the poet in a two-part special; to Raidió na Gaeltachta for their generous support and keen interest over many years.

The author wishes to express his sincerest gratitude to University College Galway for granting him a Writer in Residence position during 1996.

The author is greatly indebted to Lillis Ó Laoire for his generous suggestions and corrections and for sharing with him his authoritative knowledge of the Donegal dialect and his unequalled understanding of the Donegal song tradition.   And also to Gréagóir Ó Dúill, poet and critic for his stern and discerning critical engagement with the author's work over many years and for his informative and ultimately helpful essays.

The quotes introducing the six sections of this book are drawn from the following works;

Part 1; John Montague, *The Road's End* from New Selected Poems, The Gallery Press; Christopher Reid, *The Annals* from Katerina Brac, Faber and Faber.

Part 2; Adrienne Rich, *Shooting Script* from The Will to Change, W.W.Norton & Company.

Part 3; Hart Crane *Voyages* from White Buildings, Liveright; Walt Whitmen, *In Paths Untrodden* from Calamus.

Part 4; Lawerence Ferlinghetti, *London Crossfigured* from Pictures of the Gone World, City Lights.

Part 5; Rumi; from *These Branching Moments* translated by John Moyne and Coleman Barks, Copper Beech Press; Tennessee Williams from *A Streetcar Named Desire*.

Part 6; Gary Snyder, Preface from *No Nature*, New and Selected Poems; Pantheon Books; Guillevic, *To See* from Selected Poems, translated by Denise Levertov; New Directions.

For my friends in Perugia:
Metello Bartoli,
Paul Cahill and Fernando Trilli.

Le caoinchead Rachel Brown

An Clár/Contents
Cuid 1/Part 1

Cuid 2/Part 2

Cuid 3/Part 3

Cuid 4/Part 4

Cuid 5/Part 5

Cuid 6/Part 6

PREFACE

1
The translator
goes down on history:
a cunning linguist.

2
Celtic histories are hidden,
we uncover them for you;
then wrap them in translation,
each a version, an un/truth.

Seán Ó Ríordáin has observed in 'Conas?' that language shapes a people, it should be no surprise, therefore, to find that it also shapes a poem or translation. Does this make translation a crossroads pointing the vehicle of each language in opposite directions?

Salman Rushdie has noted that "the word 'translation' comes, etymologically, from the Latin 'bearing across'". Having been borne across the world, we are translated men. It is normally supposed that something always gets lost in translation; I cling obstinately to the notion that something can also be gained. Bearing each of these poems across the borderlines between Irish and English, I found that they struck up a conversation as if following the maxim that *giorraíonn beirt bóthar/ two shorten a road*. I also found that to reach roughly the same destination, they had to approach it by divergent means. I hope that the resultant criss-crossings and meanderings 'gain' back some of the ground inevitably lost from Irish.

To appreciate or, indeed, tolerate the dialogue between the Irish and English versions of these poems, the ideal reader must be bilingual. Is this asking too much? I don't think so because, after all, it is becoming increasingly necessary anyway. Among the best writers in Ireland today, a growing number are writing in and/or reading in Irish. To ignore them or the influence of writing in Irish, would be to dismiss half the orchestra before listening to the concerto.

As it is, more and more work in Irish is being translated by various methods all of which come between the reader and the original work. Yet, this is not cause for despair. As long as translation is necessary, it should (and often does) earn its keep by striving to become a craft or art-form of its own, mirroring the standards of the original. For example, it can be as important for the translation to be as *caint na ndaoine* – based as it is for that which it translates; otherwise, it will be folksy and daft, not foxy and deft.

My 'translations', as they will inevitably (and for convenience) be called, are creative engagements with the original texts. If I had a model it was Paul Muldoon's co-piloting of Nuala Ní Dhomhnaill's *Astrakhan Cloak* voyage. If I followed advice, it was Alan Titley's warning that "the rustle of sheets in one language can become the scratching of the bed-post in another".

Indeed, Titley's remark proved to be crucial because Cathal's poems are *sexy*: they passionately savour the communion of words and experience, celebrating both. If my versions in English help him to satisfy a wider audience, then my contribution will adequately reflect my admiration for him and for his work.

As for method, I believe that to be true to the sense and sensibility of a whole poem, one must be prepared to play around with the individual word or phrase. To be too faithful is to be unfaithful or, in Matisse's words, "l'exactiude n'est pas la verité".

For some time, I have accepted Seán Ó Ríordáin's definition of poetry as prayer. I have since found a definition of prayer by

Leonard Cohen:

    – Prayer is translation. A man translates himself into a child asking for all there is in a language he has barely mastered. Study the book.

    – And the English is execrable. F., you torture me purposefully.

    – Ah, he said blithely sniffing the night, ah, it's soon Christmas in India. Families gathered round the Christmas curry, carols before the blazing Yule corpse, children waiting for the bells of Bhagavad-Santa.

    – You soil everything, don't you?

    – Study the book. Comb it for prayers and guidance. It will teach you how to breathe.

    – Sniff. Sniff.

    – No, that's wrong.

Perhaps we should take a lead from musicians like Cohen and begin to consider translations as cover versions. At the worst end of the scale, you'll have really awful Elvis impersonators but, at best, there'll be songs borne across the world, joining the caravan, of a new movement called world music, a fusion or harmony sought ever since Kandinsky's compositions sang and Mondriaan's colours boogied. Wop-bop-a-lu-bop/wa-lop-bam-boo! Now that sounds good in any one's language (even if it leaves me with the Elvis impersonators).

Frank Sewell
Portstewart 1996

"I like to look across," said Barney Horisk, leaning on his sleán,
"and think of all the people who have bin."
– John Montague

Our landscape is enriched by rumour . . .
Everyday, history takes place,
even when nothing happens.
– Christopher Reid

AN TOBAR

Do Mháire Mhac an tSaoi

"Cuirfidh sé brí ionat agus beatha,"
arsa sean-Bhríd, faghairt ina súile
ag tabhairt babhla fíoruisce chugam
as an tobar is glaine i nGleann an Átha.
Tobar a coinníodh go slachtmhar
ó ghlúin go glúin, oidhreacht
luachmhar an teaghlaigh
cuachta istigh i gclúid foscaidh,
claí cosanta ina thimpeall
leac chumhdaigh ar a bhéal.

Agus mé ag teacht i méadaíocht
anseo i dtús na seascaidí
ní raibh teach sa chomharsanacht
gan a mhacasamhail de thobar,
óir cúis mhaíte ag achan duine
an t-am adaí a fholláine is a fhionnuaire
a choinníodh sé tobar a mhuintire:
ní ligfí sceo air ná smál
is dá mbeadh rian na ruamheirge
le feiceáil ann, le buicéad stáin
dhéanfaí é a thaoscadh ar an bhall
is gach ráithe lena choinneáil folláin
chumhraítí é le haol áithe.

Uisce beo bíogúil, fíoruisce glé
a d'fhoinsigh i dtobar ár dteaghlaigh.
I gcannaí agus i gcrúiscíní
thóg siad é lá i ndiaidh lae
agus nuair a bhíodh íota tarta orthu
i mbrothall an tsamhraidh

THE WELL

For Máire Mhac an tSaoi

'It'll set you up for life',
said old Bríd, fire in her eyes,
handing me a bowl of well-water,
the cleanest in all Gleann an Átha
from a well kept by her people's
people, a family heirloom
tucked away in a secluded spot
with a ditch like a moat around it
and a flagstone for a lid.

When I was coming into my own
back in the early sixties here,
there wasn't a house around
without the same sort of well;
everyone was all chuffed then
about how clean and healthy
theirs was kept and wouldn't let
a speck of dust cloud its silver
lining; and if a hint of red-rust
was found, they bailed it out
right away using a tin bucket;
then to keep their well sweet,
freshened it regularly with kiln-lime.

From our family well sprang
bright clearwater full of life.
With tins and crocks, they dipped into it
day after day and any time their throats
were parched by summer's heat,
it slaked and soothed them in fields
and bogs — a true pick-me-up
that set them hop, skip and jumping

thugadh fliuchadh agus fuarú daofa
i bpáirceanna agus i bportaigh.
Deoch íce a bhí ann fosta
a chuir ag preabadaigh iad le haoibhneas
agus mar uisce ionnalta
d'fhreastail ar a gcás ó bhreith go bás.

Ach le fada tá uisce reatha
ag fiaradh chugainn isteach
ó chnoic i bhfad uainn
is i ngach cisteanach
ar dhá thaobh an ghleanna
scairdeann uisce as sconna
uisce lom gan loinnir
a bhfuil blas searbh súlaigh air
is i measc mo dhaoine
tá tobar an fhíoruisce ag dul i ndíchuimhne.

"Is doiligh tobar a aimsiú faoi láthair,"
arsa Bríd, ag líonadh an bhabhla athuair.
"Tá siad folaithe i bhfeagacha agus i bhféar,
tachtaithe ag caileannógach agus cuiscreach,
ach in ainneoin na neamhairde go léir
níor chaill siad a dhath den tseanmhianach.
Aimsigh do thobar féin, a chroí,
óir tá am an anáis romhainn amach:
Caithfear pilleadh arís ar na foinsí."

for joy, cleansing them all their lives.

For a long time now, running water
snakes towards us from distant hills
and in every kitchen, both sides
of the glen, water spits from a tap,
drab lacklustre water that leaves
a bad taste in the mouth while
among my people the real thing
is forgotten about. Bríd once said,
'it's hard to find a well these days',
as she filled up another bowl.
'They're hidden in bulrushes and grass,
choked by weeds and green scum
but for all the neglect, they've lost
not a drop of their true essence.
Find your own well, my lad,
for the arid times to come.
They dry up who steer clear of sources.'

BEAN AN tSLÉIBHE

Do Bhríd, Mhaighréad agus Shorcha

Bhí féith na feola inti ach fosta féith an ghrinn
agus in ainneoin go raibh sí mantach agus mórmhionnach
ní raibh sí riamh gruama nó grusach linn
nuair a bhíodh sinn thuas aici ar an Domhnach,
is dhéanadh sí splais tae dúinn os cionn na gríosaí,
is í ag cur spleoid ar seo, is spréadh ar siúd go teasaí.

Is ba mhinic í ag gearán fán *tseanbhugger* de *ghauger*
a ghearr siar í sa phinsean is a d'fhág í ar an bheagán
cionn is go raibh bó i mbéal beirthe aici sa bhóitheach
cúpla bearach ar féarach agus dornán caorach
agus í ag trácht ar an eachtra deireadh sí go feargach:
"Sa tír seo tugtar na *crusts* is cruaidhe don té atá mantach."

Is chuidíodh muid léi i dtólamh ar an Domhnach
aoileach na seachtaine a chartadh as an bhóitheach,
is nuair a bhíodh muid ag déanamh faillí inár ngnaithe,
ag bobaireacht ar chúl a cinn is ag broimnigh,
deireadh sí, "Á cuirigí séip oraibh féin a chailleacha,
ní leasóidh broim an talamh san earrach."

"Bhfuil *jizz* ar bith ionaibh, a bhuachaillí?" a deireadh sí
nuair a bhíodh leisc orainn easaontú lena tuairimí.
"Oró tá sibh chomh bómánta le huain óga an earraigh,
ach sin an rud atá na sagairt is na TDs a iarraidh,
is nuair a thiocfas sibhse i méadaíocht, a bhuachaillí,
ní bheidh moill ar bith orthu sibh a thiomáint mar chaoirigh."

MOUNTAIN WOMAN

For Bríd, Maighréad and Sorcha

She was fleshy but funny, and though
she swore through the gaps in her teeth,
she was never gruff or gloomy with us
when we called round on Sundays
for a 'splash' of tea made over the fire
as she darn-blasted this, that and the other.

She'd give off about the 'bugger of an inspector'
who cut her pension down to even less
just 'cos she'd a cow in the byre near calving,
a few heifers out to grass and a clatter of sheep;
when she talked of this affront, she'd say,
'when you've no teeth, you get crusts in this country'.

We always helped her out on Sundays,
clearing a week-load of dung from the byre
and when we took our time about our work,
messing about and letting off behind her back,
she'd say, 'c'mon, lads, put a step on it,
what'll yez reap if yez sow a fart?

Have yez any jizz in yez at all, boys?',
she'd say when we ducked a dispute with her.
'Aah, yez are as dàft as them spring lambs,
just the way the priests and politicians want yez
and when yez are big enough, lads,
they'll have no trouble herding yez like sheep.'

Chothaigh sí í féin ansiúd mar a dhéanfadh crann
ag feo is ag fás de réir an tséasúir a bhí ann.
"Ní ag aoisiú atá mé," a deireadh sí "ach ag apú,"
is mar shíolta thitfeadh a briathra in úir mhéith m'aigne
is nuair a shnaidhmeadh sí a géaga thart orm go teann
mhothaínn an gheir — fáinní fáis a colainne.

"Níl crann sna flaithis níos airde ná Crann na Foighde",
a deireadh sí agus í ag foighneamh go fulangach leis an bhás
a bhí ag lomadh agus ag creachadh a géaga gan spás.
Anois cuirim Aifreann lena hanam ó am go ham i gcuimhne
ar an toradh a bhronn sí orm ó Chrann na hAithne
agus mar a déarfadh sí féin dá mbeadh sí ina beathaidh,

"Is fearr cogar sa chúirt ná scread ar an tsliabh, a thaiscidh."

She stood her ground like an old tree,
growing or drooping depending on the season.
'I'm not aging,' she'd say, 'but ripening.'
Her words fell like seeds on my young mind
and when she'd wrap her arms tight around me,
I felt her breadth — the growth-rings of her body.

'The highest tree in heaven is Patience,'
she said, bravely bearing up to death
as it hurt and hacked her limbs relentlessly.
Sometimes I have a Mass said in memory
of the fruit she gave me from the tree of knowledge.
As she would say herself, if she were around:

'a soft word in the right ear gets heard'.

CRÉ NA CUIMHNE

Agus ach gurb é gur chan mé thú i mo dhán, a dhuine,
rachadh d'ainm i ndíchuimhne . . .

1

Amuigh ansiúd i mbéal an uaignis
ag leanstan lorg a shinsear go dílis;

Ag dreasú caorach, ag beathú eallaigh,
ag mairstean go dtiocfadh an bás.

Mar mhadadh ag cur cár i gcaoirigh
is iomaí mairg a bhain an saol as

Ach bhí sé i dtólamh suáilceach, lán de chroí,
"is beag ár sáith agus is gairid ár seal

Agus níl a dhath is deise na gáire geal",
a deireadh sé, mé 'mo shuí ag baint taitnimh

As an eatramh ghréine a thigeadh ina aghaidh
idir ceathaideacha pislíneacha a chuid cainte;

Stothóg fionnaidh ag gobadh as a léinidh
chomh liath le broc ag gabháil i dtalamh;

Boladh nádúrtha a cholainne chomh teolaí
leis an easair úrluachra a leagadh sé gach lá

Ar urlár an bhóithigh. "Tchí Dia, cha dtig leis na ba
ach oiread linn féin luí ar an leac liom."

CAST IN CLAY

Only I number you in my song
your name would go into oblivion . . .

1

Way out there in the mouth of loneliness,
he follows his fathers' fathers faithfully,

driving sheep and raising cattle,
living till death comes.

Life's left many a mark on him
like a dog a tooth in sheep

but he was always good company:
"we've a short path, less time

and a smile doesn't cost a thing,"
he'd say to me sitting enjoying

the sunshine in his face
between showery spells of conversation.

A tuft of hair stuck out of his shirt
grey as a badger going underground.

The earthy smell of his body was cosy
as the fresh rushes he'd bed the byre with

every day. "God knows, the cows can't lie
on the bare floor any more than we can."

2.

Mar thréadaí, bhí aithne cinn aige ar na caoirigh
agus iad ainmnithe go cruinn aige as a dtréithe;

"Raimsce na Coise Duibhe, Peata Abhainn an Mhadaidh
Bradaí an Leicinn Bháin agus Smiogadán na hAitinne",

Ainmneacha a sciorr as altán a bhéil chomh héadrom
le héanacha an tsléibhe ag éirí as dos agus tom.

"Na bí lom leis na caoirigh is cha bhíonn na caoirigh
lom leat", a deireadh sé liom i dtús an gheimhridh

Agus é ag tabhairt ithe na glaise daofa ar na híochtair
nuair a bhíodh an t-iníor feoite ar na huachtair.

3.

Bhí sé i gcónaí deaslámhach i mbun a ghnaithe, díreach
agus néata. Agus cocaí na gcomharsan cam agus ciotach

Shín a chuidsean i línte ordúla chomh teann le dorú.
Bheartaigh sé a chuid cróigeán ar bhlár an chaoráin

Amhail is dá mba clár fichille a bhíothas a shocrú.
Bhí a charabhat Domhnaigh chomh righin le bata draighin.

Agus é ag tabhairt bheairdí ar seo, bheairdí ar siúd,
tharraingeodh sé go haicseanta as cruach na cuimhne

Scéalta comh cumtha ceapaithe le sopóg chocháin;
Ó shin tá me á muirliú is á n-athchognadh i m'aigne.

2.

A good shepherd, he knew every head of sheep
and had them all named by their traits:

'Scamp' with the black feet, the 'river-minder',
the 'white-cheeked Braddy' and 'Gorse-gobbler',

names that skirred as lightly from the ravine
of his mouth as mountain birds from bush and shrub.

"Don't be stingy with the sheep and the sheep
won't be stingy with you," he'd say come winter,

giving them fresh lowland pasture
when the grazing grew thin further up.

3.

He was always nifty about his work, straight
and neat. When the neighbours' drills were all twists

and turns, his would be straight as a die.
He footed his turf on the bank

like bringing a chess-man to check.
His Sunday tie was rigid as a blackthorn stick.

Holding court on this or that, he'd draw
from the rick of memories, with a flourish,

stories well-wrought as a sheaf of straw.
I chew them over and over in my mind.

4.

Dálta na sreinge deilgní a bhí timpeall a gharraidh
bhí a chuid orthaí cosanta á chrioslú i gcónaí:

Bratóg Bhríde agus Créafóg Ghartán fuaite i gcoim a bhrístí
lena chuid bheag den tsaol a chosaint go colgach

Ó bhaol agus ó bhradaíocht na dúchinniúna,
a dhéanfadh foghail, ach seans a fháil, ar cheapóg a bheatha.

Ach in ainneoin a dhíchill dhéanfaí slad air go tobann:
chaillfí bó leis i ndíog; d'fhágfaí é gan phingin, gan bonn

An t-am a dtáinig na tincléirí chun an tí is é ar Aifreann
agus d'imigh lena raibh ann. Le gaoth shéidfí a chuid stucaí as cuibhreann

Isteach i gcuid na comharsan, fear nár bheannaigh dó le blianta.
Ach sháraigh sé gach lom, gach leatrom, lena gháire mór cineálta

A d'éirigh ar íor a shúl is a spréigh anuas go so-lasta
thar leargacha a leicne, á n-aoibhniú le gnaoi;

Agus nuair a d'fhiafróchainn dó caidé mar a bhí rudaí
deireadh sé, "buíochas le Dia, tá mé ag mún, ag cac is ag feadalaigh".

5.

Má tháinig taom teasbhaigh air ariamh
ina leabaidh aonair nó in uaigneas na gcuibhreann

A dhrúisigh an croí ina chliabh
is a rinne reithe geimhridh den fhear ann

4.

Like the barbed wire round his garden,
his protective charms enclosed him always:

A Bratóg Bhríde and Gartan Clay stitched to his trousers,
to protect what little he had

from the dreadful scavenging of a fate
not above pulling the ground from under him.

Yet despite all his efforts, he'd be ripped off suddenly,
losing a cow to a ditch, or left penniless

like the time some wiseacres robbed him of his lot
as he prayed in the chapel. The wind would blow

stooks of corn from his land to his neighbour's,
the one who hadn't spoke to him in years.

But he took it all in his stride with a big generous grin
that ran from the wide of his eye, down his sloping cheeks,

self-delighting; and when I asked how he was,
he'd say, "Thanks be to God, I'm pissin' shittin' an' whistlin'."

5.

If any fit of passion overtook him,
it was in a single bed or else some lonely enclosure

where his heart heaved in his breast
and wintered out the man in him.

Char chuala mé faoi. Bhí sé faiteach le mná
is cha n-úsáideodh sé an focal "grá"

Go brách ach oiread is a chaithfeadh sé a lámha
thart ar fhear eile i mbráithreachas;

Is má shlíoc sé a dhath níos sochmaí
ná droim madaidh agus é ag bánaí leis cois teallaigh;

Is má chuaigh sé gabhalscartha ar a dhath níos boige
ná ceathrúna loma caorach agus iad á lomadh aige

Bheadh iontas orm. An síol a scaip sé lá dá shaol
chan ar ithir mhéith mná a thit sé

Ach ar dhomasach dubh an tsléibhe a dhiúl
sú na hóige as a chnámha gan a dhúil a shásamh . . .

6.

"Tá mé anseo ag caitheamh an tsaoil
is an saol ár gcaitheamh is baol",

A dúirt sé liom ar mo chuairt dheireanach;
stamhladh gaoithe ó Mham an tSeantí

Ag tógáil luaithe ar fud na cisteanadh;
é rite as anáil, a chnámha ag scamhadh.

Lá béalcheathach amach san Earrach
é sínte i gcónair agus muid á fhaire;

É sínte amach chomh díreach le feagh
i gculaith Dhomhnaigh is a ghnúis mar leanbh;

I never heard about it. He was shy with women
and he would no more use the word love

than he'd put his arm around
another man in brotherhood.

And if he stroked anything softer
than the dog he petted by the fire

or went astride anything more tender
than the bare haunches of sheep as he sheared them,

I'd be surprised. No seed he sowed
fell on the fertile soil of woman,

but on the peaty mountain soil that sucked
youth from his unreplenished bones.

6.

"I'm having a life here,"
he said on my last visit,

"if life's not having me, that is."
A wind blustered from the mountain pass,

scattering ashes all over the kitchen
as he ran out of breath, and flesh.

One drizzly day in Spring,
stretched in his coffin, we waked him.

Laid out straight as a rush
in his Sunday suit, he had the face

Dúirt bean dá ghaolta agus í á chaoineadh
"bhí a bheo chomh díreach lena mharbh."

7.

Féach anois mé ag sléachtadh anseo roimh leathanach
atá chomh bán leis an línéadach a leagadh sé amach

Do theacht an tsagairt agus ar an altóir bhocht thuatach seo
ceiliúraim le glóir an bhriathair a bheatha gan gleo

Is cé nach mbeidh béal feara Éireann á mhóradh go deo
i gcré seo na cuimhne coinneochaidh mé glaine a mhéine beo.

of a child. A woman mourning him said,
"his life was straight as his death."

7.

See me now, humbled before a sheet
as pale as the linen he'd lay out for the priest.

Here, on this improvised altar,
I celebrate through the ministry of the word

his unspectacular life. Should Ireland refuse him praise,
I will keep singing the tenor of his ways.

BRIATHRA AGUS BRÁITHRE

"Is bráithre muid go léir,"
arsa an manach le m'athair
ach nuair a thrasnaíos
an cur i gcéill go groí
le "macasamhail Cháin is Aibéil"
chreathnaíos. Bhí miodóga
fionaíolacha na súl
sáite ionam go croí.

BROTHERLY WORDS

"We're all brothers,"
said the monk to my father
but when I cut through
his bull with "Yea,
like Cain and Abel,"
I near shit. The hook
in his eyes cut me
to the quick.

MARBHNA

oíche dhuibhré
clúdaíodh cabhsa na cille
le Deora Dé

ina ndiaidh
cneá dhearg ba ea an cabhsa
go d'uaighse

ELEGY

On a moonless night
the cemetery path wept
Tears of God: fuchsias

Afterwards it dawned:
a deep red wound showed the way
right up to your grave

CUISLE AN CHAORÁIN

Ag siúl i ndiamhra an tsléibhe
thiar i dtreo na Beithí;
gan ceo ná beo ar a amharc ná ar a éisteacht
go dtí gur mhothaigh sé
i dtobainne, agus é ag trasnú
Abhainn Mhín a' Mhadaidh, mar a bheadh rud inteacht
ag borradh i mbéal a chléibhe.

Bhí sé i bhfianaise na Bé
ach ní i riochtaibh físe
ach mar a mhothaíonn madaidh áit uasal;
sin mar a mhothaigh sé
an Bhé lena thaobh
is teanntaíodh a aghaidh faoi mar ghearrfaí as criostal í,
cuireadh ciall ar saobh,

Is le gach spléachadh, bhí
an sliabh ag éirí suaithní.
Os ard bhí aoibh ghorm na spéire
ag drithliú le gáirí;
is earca luachra na báistí
ag sní a bhfionnuaire i dtriopaill a ghruaige
chomh saonta le páistí.

Bhí gach fuaim binnbhéalach,
bhí an ciúnas beo beitheach.
Mar bhogha ag port-thíriú fochaisí téad
d'éirigh as duibheagáin dhubha
a aigne, ceol lúth a ghutha,
a d'iompair ar shiúl é ar séad
go tír éigríochta na hÉigse.

Chrom sé agus phóg sé
plobar úscach an tsléibhe-

MOUNTAIN PULSE

Walking in the majesty of the mountains
over towards Beithí,
not a hide nor hair of anyone in sight or earshot,
he suddenly felt
as he crossed Abhainn Mhín a' Mhadaidh,
as if something
swelled in the pit of his stomach.

He was in the company of the Muse,
not in the form of a vision
but the way a dog knows a sacred place;
that's how he knew
the Muse was near him,
then his face set like it was crystal
and reason was side-tracked.

With every glance,
the mountain turned magical.
The blue-faced sky
laughed out loud
and dashing newts of rain ran
cool and fresh through the curls in his hair
innocent as babies.

Every sound was sweet-mouthed,
the silence teeming with life.
Then like a bow steering over coral strings,
the lilting music of his voice
rose from the mind's abyss
and carried him away
to unwalled Parnassus.

He bent and kissed
the wet neck of the mountain,

cíocha silteacha Bhríde, bandia na gcríoch, Bé:
deoch a bhí lena mhian;
lán de mhilseacht aduain,
a mheiscigh is a mhearaigh é gur mhothaigh sé
an croí beag ina chliabh,

ag craobhú agus ag síneadh,
ag leathnú amach
go meanmnach míorúilteach; ag lonnú sa tsliabh
agus a thaobhú mar chliabh.
Anois nuair a labhrann sé amach
i bhfilíocht, labhrann, mar nár labhair ariamh,
go macnasach, mórchroíoch ...

as croí an tsléibhe ...

the weeping breasts of Bríd, mountain-goddess, Muse;
a drink to his taste,
filled with a strange sweetness
that turned him on and on until he felt
the little heart in his breast

rippling and reaching,
spreading out
boldly and miraculously, clinging
to the mountain, flesh to flesh.
Now when he speaks out
in poetry, he speaks, as never before,
wildly, whole-heartedly ...

from the heart of the mountain ...

TAISPEÁNADH

i gcead do Vicente Aleixandre

Thug sé saol fada fuinneamhach leis
ach bhí an aois ina luí go trom air anois
is a choiscéim ag gabháil chun righnis.
Sheasadh sé ansiúd, a dhroim le stoc an tseanchrainn
ag ceann an bhealaigh, tráthnóntaí caomha samhraidh
is an ghrian ag gabháil síos fánaidh Thaobh an Leithid.
Amanta agus mé ag gabháil thairis
tchínn anonn uaim é ó dhronn an droichid
roicneacha tiubha ina ghnúis
is na súile slogtha siar ina cheann;
seanfhear críonna críonaosta
a raibh a chuid fola ag fuarú,
a thaca leis an tseanchrann teann;
is tchínn an ghrian ag teasú chuige go ciúin
ag tuirlingt ina thuilidh solais ag a chosa;
an ghrian uilechumhachtach,
a leannán rúin as na spéartha;
tchínn í á mhuirniú is á bháthadh
á mhaisiú is á mhúchadh
á leá den tsaol
á chumascadh lena solasbheatha féin,
agus tchínn an seanduine ag imeacht
lena chuid roicneacha is le leatrom na haoise;
tchínn é ag imeacht as raon mo radhairc
cosúil le carraig á creimeadh i dtuilidh sléibhe;
á mionú is á meilt;
á géilleadh féin do thabhairt an tsrutha;
agus sa chiúnas adaí
tchínn an seanduine ag gabháil ar ceal,
ag géilleadh a nádúir is a dhílseachtaí
dá Dhianghrá.

REVELATION

after Vincente Aleixandre

He'd a long active life
but now he was slowing down
and age catching up with him.
He'd stand there, his back
to the old tree, on mild afternoons
in summer, the sun hitting
the ridge down Taobh an Leithid.
Sometimes, going by, I'd see him
past the hump-backed bridge,
face scrunched up, eyes
sunk in, a wise wizened old man,
his blood icing over, kept
on his feet by the firm old tree.
I'd see the sun quietly warming
to him, landing in majesty
at his feet in a tide, his secret
lover from the sky. I'd see her
caress, immerse, lick and quench,
dissolving him into her own lifelight.
I'd see the old man with his wrinkles
and slights fade slowly from view
like a rock gnawed by the sea,
crumbled and crushed, surrendering
to the current; and in that quiet,
I'd see the old man eloping,
giving his essence and elements
to his true love.

Other times, going by,
all I had was a post-impression
of a washed-up relic
spooled in by the light;

Ach amanta agus mé ag gabháil thairis
cha raibh le feiceáil agam ach iarsma beag fann,
go díreach mar bheadh snáithín solais ann;
(taispeánadh a tugadh faoin chrann
dálta go leor rudaí eile a chuirtear i bhfís ar dhuine)
i ndiaidh don tseanduine gheanúil
téarnamh ar shiúl leis an ghrian;
i ndiaidh don tseanduine gan smál
imeacht ina ghile is ina ghlaine.

of something given under the tree
(like many another revelation),
from the fond old man slipped
away with the sun, that innocent
old man who fell for the clear light.

AN DÍBEARTACH

"An tír seo bheith ag fonóid faoi gach rabhán dá ndéan tú de cheol"

(i)   Ní thuigeann siad an buachaill seanchríonna
a bhíonn ag cumadh ar feadh na hoíche
thuas i gcnoic Bharr an Ghleanna.
Tá a bhfuil ar siúl aige amaideach
a deir siad thíos i dtigh an leanna —
macasamhail an mhadaidh bháin
a bhíonn ag cnaí chnámh na gealaí
i bpolláin uisce ar an bhealach.

      Ach fós beidh a chuid amhrán
      ina n-oileáin dóchais agus dídine
      i bhfarraigí a ndorchadais.

(ii) Ní duitse faraor
      dea-fhód a dhéanamh den domasach
      ná an Domhnach a chomóradh mar chách
      ná grá na gcomharsan lá na cinniúna
      ná muirniú mná faoi scáth an phósta
      ná dea-chuideachta an tí ósta.

Duitse faraor
      dearg do-bhogtha Cháin
      a bheith smeartha ar chlár d'éadain.

OUTCAST

"And the country scoffing at your half-baked songs..."

(i)   They don't get it. The boy,
      older than his years, versing
      all night, away up in the glen.
      What he's up to is daft,
      they say down the pub,
      like the white dog
      baying for the bone he sees
      in a puddle on the road – the moon.

      And yet his songs will be
      islands of hope and protection
      in their mind-dark seas.

(ii) Not for you, it seems,
      making the best of the badland,
      suiting Sunday like everyone,
      a Samaritan when you're in need,
      loving under licence,
      the good cheer of the pub.

For you, it seems,
      the indelible mark of Cain
      engraved on your forehead.

SÚILE SHUIBHNE

Tá mé ag tarraingt ar bharr na Bealtaine
go dúchroíoch i ndorchacht na hoíche
ag ardú malacha i m'aistear is i m'aigne
ag cur in aghaidh bristeacha borba gaoithe.

B'ise mo mhaoinín, b'ise mo Ghort a' Choirce,
mise a thug a cuid fiántais chun míntíreachais
ach tá a claonta dúchais ag teacht ar ais arís
anocht bhí súile buí i ngort na seirce.

Tchím Véineas ansiúd os cionn Dhún Lúiche
ag caochadh anuas lena súile striapaí
agus ar ucht na Mucaise siúd cíoch na gealaí
ag gobadh as gúna dubh na hoíche.

Idir dólás agus dóchas, dhá thine Bhealtaine,
caolaím d'aon rúid bhuile mar leathdhuine.
Tá soilse an ghleanna ag crith os mo choinne —
faoi mhalaí na gcnoc sin iad súile Shuibhne.

SWEENEY'S EYES

I'm drawing near the top of Bealtaine,
black-hearted as the night, climbing
sloping brows of land and mind,
pushed back by the bitter wind.

She was my treasure, my Gort a' Choirce.
I brought her from wildness to cultivation
but her natural bent is returning;
there's yellow-eyed weeds in the field I love.

I see Venus above Dún Lúiche,
winking her eye, coming on and coming on;
and suspended over the black dress of sky,
the moon like a breast Mucais has cupped.

Through light and dark, Bealtaine flames,
I squeeze sideways in one mad rush.
Lights in the glen shiver before me:
under the lids of those hills: Sweeney's eyes.

AN tANGELUS

An spéir ar dhath ór Mhuire
tráthnóna earraigh i nDún Lúiche

agus sollúntacht i ngach cuibhreann
a bhfuiltear i mbun dualgais ann

nuair a bhuail aingeal ón tséipéal anall
slánaíodh an síol i ngach ball.

THE ANGELUS

A sky the colour of marigold
a spring evening in Dún Lúiche

and solemnity in every field
where they're attending to what must be done —

when the angel strikes from the chapel beyond,
the seed is everywhere made safe and sound.

Translated by Heather Allen

JERICHO

Shantaigh sé lena chuimhne
neamhspléachas an aonaráin,
duine nach mbeadh faoi ghéillsine
ag geallúintí an leannáin.

Ach bhí an grá ag síorbhagairt
is thóg sé mar chosaint thart
ar gharbhchríocha an aonarachais
ballaí dochta an tsearbhadais.

Is chosain sé go colgach
poblacht an phríobháideachais
is fágadh saor é agus uaibhreach
i stát sceirdiúil an uaignis.

Go dtí gur thimpeallaigh sise é
le diamhrachtaí a scéimhe
is nuair a shéid sí adharca a hacmhainní
bac ar bhac réab ballaí roimpi go réidh.

JERICHO

As long as he could remember, he sought
the independence of the solo artist,
the chance to be someone under no
obligation to any lover's tryst.

But love was always beckoning him
and so he built as a circumference
for solitude's granite heights
staunch thick walls of bitterness.

Fiercely defending his private statelet
from the seige, he was left free
and proud in the bleak province of loneliness
until she surrounded with strange beauty

and music, driving him up the walls.
Now, block by block, they give, and fall.

UMHLAIGH

Taosc as d'aigne anois
slodán seo an spadántais.
Ní tairbheach d'éinne a bheith ina chodlatán.
Géaraigh do shúile i gceart
is tchífidh tú thart ort
torcalltacht an tsléibhe a tíríodh
le riastaí seisrí.
Dúthracht seo an ghaiscígh
a dheonaigh do do shinsear fómhar i gcónaí.
Seo d'oidhreacht, a rún;
taisce órallais na nglún
i ngoirt chlaístóinsithe Mhín an Lea'.
Na séan an dúchas sinseartha.
Is páirt díot a ngníomhartha
faoi mar is cuid de mhaol-lann d'achainne
an fuinneamh faobhrach
a d'fhág iadsan géarchúiseach.
Umhlaigh do chrédhúil d'athartha,
oibrigh go dúthrachtach
ithir seo d'oidhreachta.
Foilseoidh an fómhar do shaothar go hiomlán.
Beidh gach gort ina dhán.

SUBMIT

Rid your mind of this trickling apathy.
A sleepy head's no good to anybody.
Open your eyes and look around
at the boar-mountain tamed by the plough.
This labour of love earned your kind
a harvest each year. Now it's your birthright,
a gift turned to gold by generations
of good Mín a' Leá neighbours with sturdy fences.
Don't shun your ancestors' customs, they're part
of you the way your blunted talent
sheathes the swift blade made them so sharp.
Bend like your fathers' fathers to land-worship
and work like you were born to this heirloom.
The harvest will be yours: every field a poem.

COIRNÉAL NA SRÁIDE

Tráthnóna samhraidh agus sinn inár bpáistí
chruinnímis le chéile inár mbaiclí
thart timpeall an chuaille teileagraif
atá taobh le siopa an phoitigéara
ar Choirnéal Uí Cheallaigh ar na Croisbhealaí
le cuideachta a dhéanamh agus comhrá
sula dtéimis isteach chuig na pioctúirí.

Bhíodh an cuaille ag ceol go caointeach.
Amanta chuireadh mac an mheisceora,
deora ina shúile is é ag amharc go santach
ar na cógaisí leighis i bhfuinneog an phoitigéara,
a chluas leis an chrann is deireadh go brónach
 gurbh í a dheirfiúr bheag féin
a bhí istigh sa chuaille sin ag éagaoin.

Sin breis agus fiche bliain ó shin anois
is tá na páistí sin uilig i mbun a bhfáis
is a gcuid páistí féin ag éirí aníos,
is ní bhíonn éinne ag coirnéal na sráide,
tráthnóna, ach mise is an cuaille teileagraif
is bímid beirt ag caoineadh go cráite
is ní leigheas poitigéara a bhéarfaidh faoiseamh.

CORNER BOYS

On summer afternoons when we were kids
we used to gang about the telegraph pole
next to the chemist's at Kelly's corner on the cross—
roads for crack and company before the pictures.

The pole always sounded sad and sometimes
the drinker's son would cry looking at the medicines
in the chemist's. He'd put his ear to the wood,
saying it was his sister in there, hurting.

That's more than twenty years ago and all
those kids have great big kids of their own now.
No-one stands at the corner but me and the pole
looking at each other. The chemist is no help.

DUINE CORR

i gcead do Nebojsa Vasovic

Oíche Shathairn agus mé ag baint sú
as mo chuideachta féin, mar is gnáth,
anseo cois tineadh i Mín a' Leá-
is breá liom an t-uaigneas seo,
(cé acu i dtrátha nó in antráth)
a bheir cothú don chiúnas.

Ach cha cheadaítear domh
a bheith liom féin ar feadh i bhfad.
Scairteann cairde orm ar ball
a rá go bhfuil siad ar bís
le gníomh a dhéanamh láithreach.
Tá siad ag féachaint ar an teilifís:
cráite ag an ár agus an mharfach
atá ag gabháil ar aghaidh, thall,
i mBosnia agus i Serbia.

Chan fhuil barúil ar bith agam, faraor,
fá Bhosnia ná fá Serbia;
cé atá ciontach nó cé atá saor
nó cé hiad na treibheanna
atá ag troid is ag treascairt a chéile sa tír.
Ach le bheith fíor agus i ndáiríre
dá mbeadh an t-eolas seo agam go beacht
cha bheadh an t-am nó an taithí
nó rud is tábhachtaí, an neart
ionam, le haon chuid den mheascán mearaí seo
a réiteach is a chur ina cheart.

Níl aon ní is mó a theastaíonn uaim
ná fad saoil le suí anseo liom féin
i bhfad ó bhearna an bhaoil,

ODD MAN OUT

after Nebojsa Vasovic

Saturday night, lapping up
my own company as usual,
here by the fire in Mín a' Leá -
I really enjoy the solitude
(hail, rain or shine),
it preconditions calmness.

But I'm not allowed
to be on my own for long.
Friends call me in no time
to tell me they are dying
to do something right away.
They're watching tv: tormented
by the murder and slaughter
going on over there
in Bosnia and Serbia.

I haven't got a clue, unfortunately,
about Bosnia or Serbia;
who's to blame and who's not
or who's the twins
clubbing each other into the ground.
But truthfully, and seriously,
if I knew this information inside out
I wouldn't have the time, know-how,
or what's even more important, the power
to solve or put right any of this chaos.

All I want is to spend
my life sitting here by myself,
staying the hell-out-of-it
by the hearth in Mín a' Leá,

cois tineadh i Mín a' Leá
ag léamh is ag ól tae
is ag machnamh go teacht an lae
ar dhuanaire de dhánta Zen
ón tSeapáin is ón tSín.

Nuair a thiocfas cogadh chun cinn
sa tSeapáin nó sa tSín
lá is faide anonn
beidh mé anseo liom féin
mar is gnách
cois tineadh i Mín a' Leá.
Dhéanfaidh mé cupán tae
agus diaidh ar ndiaidh
léifidh mé le fonn
bailiúchán de dhánta grá
ó Bhosnia is ó Serbia.

reading, drinking tea
and musing till dawn
on a book of Zen poems
from Japan and China.

And when war comes about
in Japan or China
further down the line,
I'll be here by myself
as usual
by the hearth in Mín a' Leá,
making a cup of tea
and fervently reading
one by one
a book of love poems
from Bosnia and Serbia.

Grief held back from the lips, wears at the heart . . .
– Adrienne Rich

GORT NA gCNÁMH

Do Art Hughes

I

'Tá sé ag gabháil ó sholas, a ghirsigh,' a dúirt sé go gairgeach
    ar ball
amhail is dá bhféadfainnse cúl a choinneáil ar dhlúthú
    na hoíche.
A Dhia na Glóire, dá dtuigfeadh an dúlamán doicheallach
    sin thall
leath dá ndeir sé! Ach bhí m'athair ariamh dúranta agus dall,
an beathach brúidiúil! Istigh anseo ionamsa, i m'anam is
    i m'aigne tá sé ag gabháil ó sholas
le mo chuimhne. Seo anois mé ag leanstan lorg a spáide de
    choiscéim mhall
smug le mo shoc, scifleogach, ag piocadh preátaí faoi lom
    na gaoithe
agus eisean ag briseadh chraiceann tiubh na hithreach ar nós
    na réidhe
ag brú chun tosaigh go tíoránta, ag foscladh roimhe agus
    ina dhiaidh.
Amuigh anseo ar an lom, gan foscadh ón ghaoth nó díon ón
    fhearthainn,
ag giollaíocht an ghoirt seo, ag déanamh neamairt ionam
    féin lena linn.
Is iomaí lá de mo chuid allais ag an áit ainniseach seo, á leasú
    is á saibhriú;
is iomaí deoir ghoirt atá caointe anseo agam ach cha dtig
    a thart a shásamh.

II

Anseo a chaill mé mo bhláth; anseo i nGort na gCnámh a
  cuireadh mo dhóchas
i dtalamh. 'Tá cnámh mhaith sa talamh seo,' a deireadh seisean
  i dtólamh
agus é ag spíonadh na créafóige go santach idir a mhéara
  crúbacha.
As sin a d'ainmnigh mise domasach dhubh dheileoir seo an
  dóláis
gan ionam ach slip bheag girsí. Gort na gCnámh! B'fhíor domh
  go beacht.
Thug mé a raibh agam dó, mo chuid fola is mo chuid feola,
  mo bhabaí bocht.
Anois tá mé creachta. Tá mínte méithe m'aigne imithe i
  bhfiántas agus i bhfiailí.
Tchítear domh agus mé ag féachaint orm féin go bhfuil mé
  chomh garbhghéagach,
chomh tuartha le cailleach ghiúise i bportaigh riabhacha
  an gheimhridh.
Agus anuas ar an mhíghnaoi seo go síor, de lá agus d'oíche,
  ina thromluí
tá dorchadas díobhálach an éadóchais ag titim gan trócaire,
  gan traochadh.
Dorchadas atá níos míle measa, níos míle dlúithe ná
  an dorchadas a dhruideas
chugainn le teacht na hoíche ina thulcaí tiubha ó lomchnoic
  dhubha na Ceathrúna.

III

Eisean a rinne an éagóir. Eisean a tháinig idir mé agus suan
    séimh na hoíche;
idir mé, b'fhéidir agus coimirce Dé, cé gur réidh mo spéis
    sna déithe.
Cha raibh mé ach trí bliana déag nuair a réab sé geasa an
    teaghlaigh
is léim isteach i mo leabaidh. Oíche i dtús an earraigh a bhí ann,
    sé seachtainí
i ndiaidh bhás mo mháthara. (An créatúr gan choir, cha raibh sí
    in araíocht ag an tsaol
a leagadh amach dithe. 'Cuirfidh mise geall go ndéanfaidh mé
    an cailín Domhnaigh
a dhreasú asat, a chlaitseach gan úsáid' adeireadh sé léithe,
    ag ardú a láimhe
is á greadadh timpeall an tí. Eisean lena chuid ainíde a bhris
    a croí
is a d'fhág reaite, meaite, croite í sa chruth is nach raibh inti
    ach balbhán gan bhrí.
Créachta, mar dhea, a sciob chun na cille í sa deireadh is gan í
    ach anonn sna daichidí.
Ansin fágadh an péire againn i mbun an tí. Mise an t-aon
    toradh a bhí ar a bpósadh.)
Shleamhnaigh sé chugam faoi choim na hoíche is gan tuinte
    air. 'Dheaidí, Dheaidí, caidé atá tú 'dhéanamh'?
Stiall sé mo ghúna beag gorm glan ó mo chorp agus mé leath
    'mo chodladh.

IV

Ansin bhí sé 'mo mhullach, ag slóbairt is ag slogaireacht,
     ag cnágáil is ag cuachadh,
fionnadh fiáin a bhrollaigh i bhfostú i mo bhéal agus é sáite
     ionam, ag rúscadh
mo bhoilg, mo ghearradh is mo ghortú lena rúta righin
     reamhar go bhfuair sé a shásamh.
Amach leis ansin agus mise, gach scread chráite chaointe agam,
     caite 'mo stolp ar an leabaidh
ag stánadh ar na réaltógaí is iad ag spréachadh mar choinnle
     coisricthe i dtigh tórraidh.
Agus thigeadh sé orm, chan amháin san oíche ach i lár an lae,
     a bhod ag broidearnaigh ina bhrístí
agus mar a dhéanfá le sac preátaí, d'iompraíodh sé leis chun
     an sciobóil mé nó chun an bhóithigh.
Spréadh sé ansiúd sa raithneach mé faoi scáth an chlaí,
     agus anseo ar an lom i nGort na gCnámh
scaip sé a chuid síl i gcréafóg mo bhroinne. Bhí mé go hiomlán
     faoina lámh.
In aois mo sheacht mbliana déag bhí mé ag iompar linbh
     a gineadh go mallachtach;
m'athair an t-athair is cha ligfeadh an náire domh an scéal
     a sceitheadh.
Cha raibh fhios ag na comharsanaí nach ag titim chun méachain a
     bhí mé. Bhí
nádúr na feola ariamh i mbunadh mo mháthara agus cha dtearn
     mise iad ní b'eolaí.

V

Oíche i ndeireadh an fhómhair a bhí ann agus mé i mbéal
    beirthe;
anuas liom anseo le mo leanbh a shaolú, gan d'fháiltiú
    roimhe
ach stamhladh gaoithe ag séideadh ó chúl na
    Malacha Duibhe.
Anseo a rugadh mo bhabaí, gan de bhean ghlúine ach seanbhitseach
    mhadaidh
a ligh is a dhiúl mo chuid fola is a d'ailp siar salachar na breithe.
Agus na réaltóga ag dó is ag deargadh mar chocaí cocháin
    ar thinidh
i gconlaigh ghlas fhuar na spéire, rinne mise fómhar beag mo
    bhroinne
a mhúchadh le mo mhéara marfóra is dá mbeadh gan smid teanga
i mo cheann cha choinneofaí cúl ar an scread a fáisceadh
    asam i dtobainne
nuair a sháigh mé i bpoll é, san úir úrlom, anseo idir claí agus clasaidh.
Agus d'fhan mé anseo mar nach raibh mé ábalta m'aghaidh
    a thabhairt orm féin
chan amháin ar an tsaol. Cha raibh romham ach lom
    agus leatrom an léin,
ag síneadh chun na síoraíochta chomh slogthach le poill bháite
    an tSeascainn.

VI

Agus cá háit a rachainn, mise nach raibh níos faide ó bhaile
    ná Leitir Ceanainn.
Cha raibh sé de mhisneach nó d'acmhainn agam imeacht liom
    i mbéal mo chinn
is gan a dhath ar chúl mo láimhe. Ba chuma cá rachainn
    bheinn i ngéibheann.
Bhí soilse mo shaoil curtha as is eochair an dóchais caillte
    sna dreasóga.
Anois tá cúig bliana fichead de bheith ar báiní le mearadh nó
    marbh le taomanna lagbhrí
curtha díom agam; cúig bliana fichead de bheith ag siabadh
    gan treoir nó sínte gan treo.
Cha dtáinig scafaire breá de chuid an tsléibhe ariamh le mé
    a bhréagadh
is char luaidheadh mé le fear cothrom céillí a dhéanfadh mé
    a shaoradh
ó láthair seo an áir. Ach bhagair mé eisean le mionnaí móra
    is le mallachtaí.
Bhagair mé scian na coise duibhe air a iompraím de lá
    agus d'oíche
is atá coinnithe i bhfaobhair agam le fuath is dá leagfadh
    sé lámh orm choíche
aríst, a dúirt mé leis go neamhbhalbh, chan imeodh
    sé lena bheo,
agus ó shin tá muid ag dorchú ar a chéile agus beidh
    go deireadh is ġo deo deo.

VII

Anois agus soilse beaga sochmhaidh na hoíche á lasadh i dtithe
teaghlaigh
i bhFána Bhuí, ar an Cheathrúin, i gCaiseal na gCorr is beag
nach mbriseann mo chroí
le cumhaidh; ach seo mé ag piocadh liom ó dhruil go druil, síos
agus aníos go tostach
ag coinneáil m'airde ar rithim bhuile na spáide. Mothaím
trom torrach
leis an tocht atá á iompar agam gach uile lá beo, tocht dorcha
dochiallach
ag lorg urlabhra. Ba mhór an méadú misnigh domh dá
bhféadfainn
an brú seo a gineadh i mbroinn m'aigne a ionchollú
i mbriathra, a thabhairt slán.
Ach nuair a fhosclaím mo bhéal lena shaolú, lena scaoileadh
saor, i dtólamh
théid sé i bhfostú i mo sceadamán, stiúcann sé
ar mo theangaidh,
agus cha saolaítear ach marbhghin gan mhothú agus théid sé
i dtalamh
anseo idir claí agus clasaidh, gan de chloch chuimhne os a
chionn lena chomóradh
ach grág préacháin nó gnúsachtach madaidh nó gíog
ó spideoigín beag fán;
ach ó shaobh an chinniúint a súil orm sílim gurb é
sin mo dhán ...

FIELD OF BONES

For Art Hughes

I

"The light is fading, girl," he said gruffly then
as if I could kick back the tide of night.
Holy God, I wish that stupid bastard knew
what he was saying half the time! But my father
was always dull and dour, the brutal fucker.
Now, deep in my mind and soul the light fades.
So here I am following the traces of his spade,
slowly, snot in my nose, ragged, picking potatoes
under a barrage of wind while he indifferently parts
the thick-skinned soil, thrusting ahead, opening it
up before and after him. Out here in the open
with no shelter from wind and rain, I've looked out
for this field and left out myself. Many's a day
I sweated for this wretched place to fertilise it
and make it rich. Many's a tear I cried here
until the drought in me could not be slaked.

II

Here I was deflowered. Here in the Field of Bones
my hope was buried in the ground. "That's good sowing,"
he always used to say, greedily fingering the soil
with his stubs. It was then I named this bogland,
black and bleak as sorrow, the Field of Bones.
Only a child, I got it right. The field claimed all I had:
my flesh and blood, my child. Now I'm lost. My mind's
rich plains buried in weeds and wildness, mis-shaping me
like a wizened pine-stump in winter furrows.
Day and night hang forever over this hell-hole despair,
dark as nightmare, a clotted dark far worse than
the tide of night from the bare black hills of Ceathrúin.

III

The fault was his. He came between me and night's peace,
between me and, perhaps, God's love – whatever that is.
Early in the Spring of my 13th year, 6 weeks after mother
had died, he violated me, our home and family.
(Poor gentle mother, hardly cut out for the life he led her.
"I'll knock the airs and graces out o' ye, ye useless slut,"
he'd tell her, raising his hand and beating her about the house.
His cruelty broke her down to a jibbering shivering wretch.
Consumption finished her off in her late 40s.
And that left two, him and me, his only child.)
Naked, he crept to me in the dark of night, my Daddy,
and tore my blue nightgown from my sleeping body.

IV

Then he was on top of me, mouthing and mauling,
squashing and squeezing me, the scraggly hair of his chest
caught in my mouth while, below, his fat dick poked
my guts, hacking and hurting me until he came.
He left me cried out on the bed, frozen and staring up
at the stars flickering like holy candles at a wake.
And he would take me not just at night but in the day.
His dick bulging in his pants, he'd carry me sack-like
to a barn or byre or else he'd lay me out
in the bracken behind a hedge. Here, too, in the bare
Field of Bones, he'd spread his seed in the clay of my womb.
At 17, I was carrying the bastard's child so cursedly
conceived. My father the father. Silence veiled my shame:
I let the neighbours think I'd put on weight like mum.

V

My time came towards the end of harvest. Here,
behind Malach Dubh, the wind alone welcomed
my child born with no mid-wife but a dog-bitch
licking up blood and after-birth. The stars flamed
like straw on fire in the cold stubble-field of sky
as I extinguished the harvest of my womb
with one finger. Even if there were no words,
I couldn't have contained my scream, plunging him
into a freshly-dug hole somewhere between the hedge
and ditch where I waited unable to face myself,
never mind the world. The road before me seemed
mined with grief, deadly as the quicksand of Seascann.

VI

Where could I go? I'd never been further than Letterkenny
and hadn't the guts or gumption to just set off empty-handed.
Wherever I went, I would still have been damned.
The lights of my life were out, the key to hope lost
in thorns. Now I've done 25 years in fits
of madness or deadly apathy, 25 years drifting
aimlessly, getting nowhere. No hunk from the hills
has ever seduced me and no decent fella courted me
away from this battlefield. But I have warned him
with curses and knives sharp with the hate I always carry
that it would cost him his life to cross the gulf between us.

VII

As soft lights in family houses begin to glow
in Fána Bhuí, on Ceathrúin, in Caiseal na gCorr, my heart
aches for a home but I keep on picking through drills
in silence to the spade's rhythm, weighed down by hurt
deeper and darker every day beyond expression.
Could I conceive and flesh that burden in new-born words,
what courage I would have! But when I open my mouth
to free it, it always sticks in my throat, clamps my tongue,
a still-birth between hedge and ditch with no mourners
but crows and dogs or a stray robin. Fate has narrowed
its eyes and left me dumb in the Field of Bones.

Permit me voyage, love, into your hands
— Hart Crane

To tell the secrets of my nights and days,
to celebrate the needs of comrades . . .
— Walt Whitmen

GEASA

Tráthnóna teann teasbhaigh
a bhí ann i ndeireadh an earraigh
agus bruth na hóige i mo chuislí;
an sú ag éirí i ngach beo
agus bachlóga ag broidearnaigh
ar ghéaga na gcrann fearnóige
taobh liom. Mé ag amharc ina treo,
ag cúlchoimhéad uirthi go faillí
fríd scoilt i gclaí an gharraí;
í tarnocht agus ar a sleasluí,
caite síos ar sheanchuilt bhuí;
faobhar na hóige ar a cuid cuar
agus í ag dúil na gréine le cíocras;
a cneas chomh glé ...
                le béal scine.

Mé easnamhach
ar an uaigneas
measc cloch

                      gan seasamh
                      san uaigneas
                      measc cloch.

M'easnamh mar mhiodóg
ag gabháil ionam go putóg
nó tuigeadh domh go hóg
agus go grod ... gan ionam
ach buachaill ar a chéad bhod
nach ndéanfadh meallacht mná
fíoch agus flosc na féithe
a ghríosadh ionam go bráth;
is nach síolrófaí de chlann
do mo leithéidse choíche
ach cibé clann bhéag bhearsaí

THE BOND

It was a hard hot afternoon
as spring came unsprung
and youth bubbled in my veins;
juices coursed through every living thing
and buds pulsed on alder branches
next to me. Secretly, I watched her
through a handy wee slit in the garden wall
as she lay back naked on an old yellow quilt,
the youth-sharpened curves of her body
greedily sucking in sun,
her skin as bright...
             as the edge of a knife

And I was left wanting,
out on my own
among stones

         unattended,
         alone
         among stones

Absence stung me with daggers to the bones
as I learnt young and sudden
(a pubescent teen) that no bewitching woman
could sear my veins with flux and fury;
and the only children to spring from my loins
would be a family of verse
born from the juicy womb of my Muse;
O, and it hurt so deep,
this black magic bond
placed on me forever
by Poetry.

On a hard hot afternoon,
youth bubbling in my veins,

a shaolófaí domh san oíche
as broinn mhéith na Béithe;
is ba mhór an crá croí domh
na geasa dubha draíochta
a leagadh orm go síoraí
as féith seo na filíochta.

Ach tráthnóna teann teasbhaigh
a bhí ann agus bruth na hóige i mo chuislí;
ag breathnú uirthi, ag baint lán
mo dhá shúl, as a corp álainn, éadrocht,
chan ise a bhí romham sínte,
chan ise a bhí mo ghriogadh
ach bogstócach mo shamhlaíochta
agus é 'mo bheophianadh ...
Ach b'fhada go gcasfaí orm é ina bheatha,
b'fhada go bhfaighinn sásamh
óna chneas álainn fionnbhán,
óna chumthacht tharnocht
ach amháin ...
          i mo dhán ...

my eyes full drunk
on her bright beautiful body
Only it wasn't her stretched out before me,
not her turning me on,
but a slender youth I imagined,
burning me alive...
It would take years to meet him in the flesh,
years to satisfy my wish
for his pale, wonderful skin,
his clear, naked form –
but sometimes ...

      in poems ...

BUACHAILL BÁN

A bheith i ngrá le fear:
Sin scéal nach bhfuil na focla agam go fóill
lena insint, lena rá
amach os ard, sa dóigh nach mbeidh sé 'mo chrá.

Ba mhaith liom
teangaidh a thabhairt don tost seo
a thachtann mé;
a phlúchann mé achan lá.

Anseo, agus mé sa chisteanach cúil,
amantaí, tosaíonn timireachtaí an tí
ag éirí páistiúil, leanbaí,
ag scairtigh ar Mhamaí ...
Amharcann an tábla orm go truacánta,
a aghaidh shleamhain smeartha le salachar.
Tosaíonn na soithí is na sciléidí
ag clabaireacht is ag slapaireacht sa sinc.
Bíonn an t-urlár 'na chac ...
a chuid brístí ar crochadh leis
is é ag sciorradh thart gan bhac.
Chan amháin go mbodharann an citeal mé,
cuireann sé bior go beo ionam
nuair a thosaíonn sé ag cnagaireacht
amach go fuarchaointeach
a chruacheol miotalach.

Agus in antráth na hoíche
tig sé chugam lena ghrá,
lena mhian a fháil go lá, de shuáilcí m'óige.
Cuachann sé suas i m'ucht, brúnn isteach i mo theas.
Santaíonn sé an tseascaireacht
a éiríonn ina ghal ó mo chnes;

BUACHAILL BÁN

To be in love with a man:
that's a tale I haven't the words for yet,
to tell it, to say it out
in a way that won't come back on me.

How I would like
to loosen the tongue of this silence
that chokes me;
that smothers me every day.

Sometimes when I'm here in the back kitchen,
the ghosts of the house become childish,
and do kids' stuff, shouting "Mammy, Mammy ..."
The table looks at me pityingly,
his smooth face greasy with dirt.
The pots and pans start
babbling and splashing in the sink.
The floor looks like shit ...
his trousers hanging off him
as he skirs round heedlessly.
And the kettle, the kettle doesn't just deafen me,
it goes right through me
when it rasps out
its cold, sad,
light-metal music.

Then, in the dead of night,
he brings me his love
and gets his fill, until daybreak, of the joys of my youth.
He wraps himself up in my breast, presses into my warmth,
seeks the manly comfort
that exudes from my skin;
and in this calm,
he shrinks in stature

Agus sa tséimhíocht seo
cailleann sé a thoirt is a thoirtéis
agus mé ag dlúthú leis
i bhfeis leapa agus láimhe;
agus mé ag leathnú amach go míorúilteach
'mo fharraige mhór tharraingteach
ag fáiltiú roimh an long seo
a thig i dtír i gcuan an tsuaimhnis
lena lód dóchais ...

Mise anois an port, an caladh cosanta,
an leabaidh ancaire
a thugann dídean agus scáth—
an port ina dtéim féin as aithne
i bpoll duibheagáin
is nach dtuigim cén fáth.

as I tackle him
in the sport of bed and hands;
as I spread out miraculously
in an ocean of enticement
drawing this ship
with its cargo of hope
into a harbour of content ...

Now, I am the shore, the safe haven,
the anchor bed
that gives shelter and protection –
the port in which even I lose myself
in the depths of an abyss
and I don't know why.

LAOI CHUMAINN

Anocht agus tú sínte síos le mo thaobh
a chaoin mhic an cheana, do chorp
teann téagartha, aoibh na hóige ort,
      anseo tá mé sábháilte
cuachta go docht faoi scáth d'uchta:
sleánna cosanta do sciathán
      mo chrioslú go dlúth
óir is tusa mo laoch, an curadh caol cruaidh
a sheasann idir mé agus uaigneas tíoránta na hoíche.

Is tusa mo laoch, mo thréan is mo neart,
mo Chú na gCleas agus níl fhios agam i gceart
cé acu an luan laoich é seo
      atá ag teacht ó do chneas
nó gríos gréine. Ach is cuma. Tá mé buíoch as an teas,
as na dealraitheacha deasa ó do ghrua
      a ghealaíonn mo dhorchadas,
as an dóigh a ndéanann tú an t-uaigneas
a dhiongbháil domh le fíochmhaireacht do ghrá.

Anocht má tá cath le fearadh agat, a ghrá,
bíodh sé anseo i measc na bpiliúr:
Craith do sciath agus gread do shleá,
      beartaigh do chláíomh
go beacht. Lig gáir churaidh as do bhráid.
Luífidh mé anseo ag baint sásamh súl
      as a bhfuil den fhear
ag bogadaigh ionat, a dhúil, go ndéanfaidh tú do bhealach féin
a bhearnú chugam fríd plúid agus piliúr.

SERENADE

Tonight, with you lying beside me,
my own darling boy, your body
taut and toned, glowing with youth,
    here I am safe,
tucked up tight in the shade of your chest,
your arms raised like spears to defend me,
    girding me firmly,
for you are my protection, my graceful bodyguard
who stands between me and the terror of lonely nights.

Yes, you are my hero, my tower of strength,
my Artful Hound, and I can't tell rightly
if it's valour shining
    around your skin
or the sun in heat. What difference? I'm glad
of the warmth, the fiery gleams of your cheeks
    that lighten my darkness,
glad of the way you fend off loneliness
with the sheer ferocity of love.

So, tonight, if there's a war to wage, my love,
let it be here among these pillows.
Raise your shield and hurl your lance,
    aim your sword
exactly. Get that war-cry off your chest.
And I will be here, all eyes
    at the manhood
moving in you, my passionate one, until you come
to meet me through sheets and pillows.

Agus is toil liom, a mhacaoimh óig
gurb anseo ar léana mo leapa
a dhéanfá le barr feabhais
      do mhacghníomhartha macnais,
gurb anseo i ngleannta is i gcluanta
mo cholla, a thiocfá i dteann is i dtreise
      is go mbeadh gach ball
do mo bhallaibh, ag síorthabhairt grá duit
ar feadh síoraíocht na hoíche seo.

Anocht chead ag an domhan ciorclú
leis na beo is leis na mairbh:
Anseo i dtearmann dlúth na bpóg
      tá an saol ina stad:
Anseo i ndún daingean do bhaclainne
tá cúl ar chlaochlú. I bhfad uainn
      mairgí móra an tsaoil:
na tíortha is na treabha a dhéanfadh cocstí
de cheithre creasa na cruinne lena gcuid cogaíochta.

Anocht, a mhacaoimh óig, bainimis fad saoil
as gach cogar, gach caoinamharc, gach cuimilt.
Amárach beidh muid gafa mar is gnáth
      i gcasadh cinniúnach na beatha,
i gcealg is i gcluain na Cinniúna.
Amárach díolfar fiacha na fola is na feola
      ach anocht, a fhir óig álainn,
tá muid i gciorcal draíochta an ghrá.
Ní bhuafaidh codladh orainn ná crá.

And, yes, it is my will, brave youth,
that on the field of my bed
you do your utmost
        to perform your manly deeds,
that here in the hills and hollows
of my flesh, you grow hard and strong
        as I give all
my all in limitless love to you
for the eternity of this night.

For, tonight, the world can beat about
with life and death.
Here, safe in the sanctuary of our kiss,
        time cannot catch up with us.
Tonight, in the fortitude of your arms,
we can be ourselves. The big bad world
        is far away
and we are free from countries and cunts
that would start a fight in an empty house.

So, tonight, young man, let's make a life-time
of every whisper, glance or touch.
Tomorrow, we'll be back as usual,
        cogs in the wheel of fate,
pretending and conspiring with destiny.
Tomorrow, we'll pay for being flesh and blood;
        but tonight, my prince,
we are in the charmed circle of love.
No sleep or harm can defeat us.

OÍCHE

Cha raibh ann ach seomra beag suarach
i gceann de lóistíní oíche Shráid Ghardiner;
coincleach ar na ballaí, na braillíní buí agus brocach;
gan le cluinstin ach ochlán fada olagónach
na cathrach agus rúscam raindí na gcat
ag déanamh raicit i mboscaí bruscair an chlóis;
ach ba chuma agus tusa, a rún na gile, sínte ar shlat
do dhroma, ar cholbha na leapa agus gan tuinte ort ...

Agus tú ag dlúthú liom go docht, d'aoibhnigh do gháire
salachar an tseomra agus smúid oíche na sráide,
agus ansiúd ar sheanleabaidh lom na hainnise, bhí tú liom,
go huile agus go hiomlán, a ógánaigh chiúin an cheana.
Ansiúd ar an tseanleabaidh chruaidh, chnapánach úd
agus domboladh an allais ag éirí ón éadach tais,
bhlais mé do bhéilín ródheas, do bheola te teolaí,
a chuir an fhuil ar fiuchadh ionam le barr teasbhaigh ...

Bhí gach cead agam, an oíche úd, ar do chaoinchorp caomh;
ar ghile cúr séidte do bhoilg; ar do bhaill bheatha
a ba chumhra ná úllaí fómhair 'bheadh i dtaisce le ráithe;
ar mhaolchnocáin mhíne do mhásaí, ar bhoige liom go mór iad
faoi mo láimh, ná leithead d'éadaigh sróil, a mbeadh tomhas
den tsíoda ina thiús ... Anois agus mé 'mo luí
anseo liom féin i leabaidh léin an díomhaointis
tá mé ar tí pléascadh aríst le pléisiúr ... le tocht

ag cuimhneamh ortsa, a ógánaigh álainn, deargnocht
a d'aoibhnigh an oíche domh ... ocht mbliana déag ó shin, anocht.

NIGHT

it wasn't much of a room
one of those B&Bs off Gardiner Street
damp on the walls   the sheets yellow with grime
nothing to listen to but the slow moan
of the drunkening city and the racket
from bin-hoking cats in the yard   but so what?
weren't you lying flat on your back on the edge
of the bed   undressed to the nines?

and you clung to me so tight   your laugh trans-
forming the dirty room and murky night outside
to bliss   there on the wreck of a bed you
in all your pow and glory   my quiet young lover
there on that hard hurting bed with stale
sweat rising from the damp sheet   your warm
comforting lips kissed my blood alight

that night   I could do anything with your slender
smooth body   your belly bright as a foaming wave
and below   more tempting than autumn apples
in store   mine were the rolling drumlins of your cheeks
soft under my hand and light as the scantiest silk
now   alone   on a no-such-lucky bed   in pain
in joy   I remember you   beautiful   naked

transforming my night   eighteen years ago   tonight

RÚNSEARC

i gcead do C.P. Cavafy

Agus fiú mura dtig liom trácht ar an té atá le mo mhian,
mura dtig liom a chuid gruaige, a shúile, a bheola a lua i gcomhrá,
mura dtig liom a chuid áilleachtaí a chanadh os ard
faoi mar is dual don té atá i ngrá;
beidh a aghaidh, atá i dtaisce i mo chuimhne,
a ghuth atá ag cuisliú i mo chéadfaí,
na tráthnónta fómhair úd, atá ag buíú i mo bhrionglóidí;
beidh siad anois agus i dtólamh
ag tabhairt blais agus bolaidh do mo bhriathra
is cuma cén smaointeamh a nochtaim, is cuma cén dán a chumaim.

SECRET LOVE

after C.P. Cavafy

And even if it's forbidden to refer to the one I'm after,
to casually mention his eyes, his lips, his hair,
even if I'm not allowed to sing his praises in the open air
like anyone else who loves, his face safe in my memory,
his voice flowing through my senses and away,
those autumn afternoons drying in my dreams, they
will always scent and flavour my words, whatever thought
I lay bare, whatever poem I concoct.

AN GHUALAINN GHORTAITHE

i gcead do C.P. Cavafy

Ghortaigh sé é féin, a dúirt sé, ar pháirc na peile
ach bhéarfainn mionna go raibh fáth éigin eile
leis an chneá ina ghualainn, an brú dubh faoina shúil ...
Nuair a thigeadh mearadh ar an athair chnagthaí eisean
dá mbíodh sé i láthair agus ruaigthí an mháthair as baile.

Agus é 'na sheasamh ar a ladhra, ag síneadh ar leabhar
os a chionn ar an tseilf; leabhar fá Ghaoth Dobhair
ar chuir sé sonrú ann—bhí spéis aige sa stair—
ach leis an oibriú a bhí faoi scaoil sé an cóiriú
a bhí curtha ar an ghortú agus tháinig sileadh beag fola.

Rinne mé suas go húr é, ag glacadh m'ama leis an ghlanadh,
ag moilliú ar an chréacht, á cuimilt go cúramach le hungadh,
baineadh cnead nó dhó as ach d'fhan sé faoi mo lámh gan bogadh.
B'aoibhinn liom a bheith ag friotháladh air, ag féachaint a cholainn
seang álainn, ag éisteacht le suaitheadh agus suaimhniú a anála.

Nuair a d'imigh sé, d'aimsigh mé os coinne na cathaoireach
cuid den tseanchóiriú, bratóg bheag fhuilteach;
ba chóir a chaitheamh sa tinidh láithreach:
ach d'fháisc mé le mo bheola é le dúil agus le grá
agus choinnigh ansin é ar feadh i bhfad; fuil an té a b'ansa liom thar chách...

fuil the a chroí ag deargadh mo bheola ...

THE INJURED SHOULDER

after C.P. Cavafy

He hurt himself, he said, on the football pitch,
but I'd bet there was another reason
for the wound in his shoulder, the black eye ...
When his da lost the head, he'd beat him
if he was there, and throw the ma out of the house.

Standing on tip-toes, stretching out for a book
above him on the shelf, a book about Gaoth Dobhair
that took his fancy (he was into history),
the effort loosened the dressing on the wound
and opened it again, leaking blood.

I dressed it for him, taking my time cleaning it,
dithering over the wound, rubbing it gently with ointment;
he gasped once or twice but kept still under my hands.
I loved attending to him, looking at his body
so lovely and thin, listening to him breathing fast, then slow.

When he left, I found in front of the chair
some of the old dressing, a small bloodied rag.
It should have been thrown on the fire immediately
but I pressed it to my lips with love and longing
and kept it there for ages; the warm blood of the one

I love above all others darkening my lips ...

DÚIL

B'fhearr liomsa buachaill thigh an leanna
a bhfuil a chroí lán de theas ceana

Is a labhrann i laomanna lasánta
faoina dhuáilcí is faoina dhánta

Is a dhéanann gáire chomh gríosaitheach
le craos de mhóin chipíneach

Is a chaitheann spréachta óna shúile
a lasann tinidh mo dhúile

Ná Nefertítí í féin i mo leabaidh
is iontaisí na bhFaróanna ar fud an tí.

PASSION

I'd rather have the boy behind the bar
whose heart warms to love's occasion,

who speaks in flames
about disappointments and poems,

his laugh as consuming
as the slit in broken turf,

his eyes firing sparks
that light my tinder-passion,

than Nefertiti herself plastered on my bed
and the wonders of the Pharaohs about the house.

CAILL

'Tá muid na mílte míle óna chéile anois.'
Féachann tú orm go fuarchúiseach, faoi
mar gur chuma leat mé bheith ann nó as.
Tá an ghile ag imeacht as do ghnaoi ...

'Caidé atá contráilte? Abair amach é!'
Ach ní thugann tú aird ar bith orm.
'Ar son Dé labhair, labhair liom, a Jó'
ach greadann tú leat i do ghluaisteán gorm.

Glaoim ort in ard mo chinn is mo ghutha
i ndúil is go gcasfá aríst fá mo choinne.
Screadaim! Béicim! Croithim mo lámha
ach imíonn tú as amharc ag Corr na Binne.

Rómhaith a thuigim anois caill an té
a bheadh tréigthe ar oileáinín aduain
ag amharc ar long ag torannú thairis
is gan ar a chumas breith ar an uain ...

LOSS

"We're a million miles from each other now."
You give me your Alaskan look as if
you couldn't care less that I'm there at all.
Your face isn't as fair as it was ...

"What is it? What's wrong? Tell me!"
But you ignore me, completely.
"For God's sake, Joe, speak to me."
But you speed off in your new car.

I call out to you loud as I can,
desperate that you'll turn back to me.
I shout and holler! I wave my arms
but you slip from view at Corr na Binne.

Now I know all too well the plight
of someone marooned on a foreign island,
watching a ship thundering by,
unable to do anything about it.

D'AINM

Dúirt tú liom agus tú ag imeacht
Gan d'ainm a lua níos mó ....

Agus rinne mé mar a dúirt tú, a mhian,
Rinne mé é,
Cé go raibh sé dian agus ródhian,
Chuir mé d'ainm as m'aigne,
Sháigh mé síos é
I gcoirneál cúil na cuimhne.
Chuir mé i dtalamh é
I bhfad ó sholas a haithne ...

Rinne mé mar a dúirt tú, a chroí,
Ach mar shíol,
Phéac d'ainmse sa dorchadas,
Phéac sé agus d'fhás sé
I dtalamh domasach mo dhoichill
Go dtí gur shín a ghéaga
Aníos agus amach
Fríd bhlaosc mo chinn is mo chéile ....

Dúirt tú liom agus tú ag imeacht
Gan d'ainm a lua níos mó ...

Ach níl leoithne dá dtig
Nach gcluintear an crann seo ag sioscadh ... Joe ... Joe.

YOUR NAME

You said when you left
never to mention your name ...

I did as you said, honey,
I did it,
hard as it was, too hard.
I put your name out of mind,
shoved it down to the furthest
reaches of my memory,
buried it in a dark corner
where it should not come to light ...

I did as you said, darling,
but just like a seed,
your name shot up through the dark,
it sprouted and grew
against my earthly will
until it stretched its limbs
up and out of my ken or control.

You said when you left
never to mention your name ...

but even the faintest breeze
makes this tree whisper ... Joe ... Joe

GORM

Buachaill breá, b'álainn a ghné agus é i mbláth na hóige.
As Doire, bhí sé ar saoire carabháin ar thrá an Fháil Charraigh.
Chuaigh muid araon, lá amháin, ar siúlóid sléibhe go Loch na mBreac Beadaí;
Muid ag gleacaíocht lena chéile go pléisiúrtha agus ag déanamh spraoi
fá na túrtóga fraoigh agus fá na hísleáin siar ó Abhann Mhín a' Mhadaidh.
Bhí a chraiceann grianghortha cumhra le mús na raideoige
an tráthnóna Domhnaigh úd i dtús na Lúnasa, más í Lúnasa a bhí ann i ndáiríre
is nach bhfuil siabhróga seachráin ag teacht ar mo ghéire.
Agus a shúile! Á dá bhféadfainn a dtabhairt aríst chun léire
i ndiaidh sé bliana agus fiche de dhíchuimhne agus de dhearmad;
ach a Dhia nach raibh mé fa fhad méire daofa agus muid spréite sa luachair.
Gorm a bhí siad, nach ea? 'Sea go deimhin! Gorm uisce fómhair faoi
          ghléaradh na spéire.
Ní léir domh go bhfaca mé a leithéid de ghoirme i nduine ó shin:
Locháin ina raibh éisc a mhéine le feiceáil ag léimtigh le pléisiúr.

BLUE

He was a lovely lad. Handsome and in his prime. Fresh from Derry, on a caravan holiday to Falcarragh. Together one day, we walked the hills to Loch na mBreac Beadaí, having a laugh, all pleased with ourselves, making free in the heather and hollows down from the river, his sunburnt skin musky with sweet-gale that Sunday afternoon in early August. That is, if it was August and I'm not losing it entirely, blurring the facts. O, but his eyes! Boy, if I could bring those back to light after 26 years of absence and forgetfulness - Holy God! And wasn't I within a whisker as we lay back in the rushes Blue, weren't they? O, yes! Autumn-watery blue under a glare of sky. Never again have I seen a blue like it: pools where his desire salmon leapt with pleasure.

AG NA PIOCTÚIRÍ AR NA CROISBHEALAÍ

Sa chúl a bhí muid, cúpla suíochán óna chéile sa chéad ró.
Cha raibh an scannán ach i ndiaidh toiseacht, na *credits* tosaigh
ag teacht aníos ar an scáileán nuair a thaobhaigh sé i mo threo
go teanntásach; é scioptha scuabtha ina chulaith úr Dhomhnaigh.
Ba siúd gnúis a dhúiseodh díogras agus dúil ionam gan aon stró
agus char dhiúltaigh mé don chathú nuair a dhlúthaigh sé liom go teasaí
agus leis an tiomáint siúil a bhí faoi níor thúisce thíos ná thuas é:
Saibhseálaí séimh an tsómais a ghriog mé agus a shlíoc mé ...
agus i gcuinge chruaidh an tsuíocháin úd char spáráil sé a chnámha
ach é á dhingeadh féin go dithneasach aníos isteach i mo lámha.
Tús an tsamhraidh a bhí ann. Cha raibh ag na pioctúirí ach páistí is a
          dtuismitheoirí
agus bhí siadsan sáite sa scannán, strambán de scéal fá chailleacha dubha;
ach ba chuma linne, cha raibh greim nó guaim le coinneáil ar ár gcéadfaí
ach muid ag dul i dtámh le háthas, ár n-anáil ag teacht ina séideogaí tiubha;
cha raibh teannadh ar chúl ná ar aghaidh againn ach snámh le brúcht
          an tsrutha,
agus leá chúr na habhna ag imeacht le fána a tháinig ar ár dtocht ceana:
an oíche sin ag doras an Strand gan slán nó sméideadh, thug muid ár gcúl
          ar a chéile choíche go deo.

Ach in ainneoin go dtig caitheamh i ngach ní le himeacht is le hídiú
          na mblianta;
in ainneoin chluain agus chealg na cuimhne agus maolú nádúrtha m'inchinne
I gcónaí, tá an aghaidh chaol álainn sin agus úrghéag chruaidh a cholainne
mar a bhí siad an oíche Dhomhnaigh úd i dtigh na bpioctúirí ar na
          Croisbhealaí
saor ó bhaol i mo bhrionglóidí agus anois i ndiaidh trí bliana fichead ar fán
          i mo chloigeann tá dídean faighte acu i ndán.

AT THE PICTURES ON THE CROSSROADS

We were at the back, a few seats from each other on the last row.
The film was only just started, the initial credits
coming up on the screen when he sidled towards me
boldly, all brushed and polished in his new Sunday suit.
Now that was a face I'd fall for any day of the week
and I certainly didn't say no when he snuggled right up to me
so quick that he was all over the place in no time,
the sound wee man that soothed and smoothed me ...
And in that hard, narrow seat, no effort was spared
as, hurrying, he placed himself in my hands.
It was just Summer. There was only kids and their parents
at the pictures, all caught-up in the movie, a load
of balls about witches; but we didn't care,
nothing held us back from our ecstacies, our breathing
got heavy and all we could do was go with the flow
of the stream, the melting foam of the river water—
falling down in both of us at once. That night, at the door
of the Strand, without so much as a bye or leave, we turned
our backs on each other for ever.

But even though all things must come to an end sooner or later,
even though memory plays tricks on you and the brain isn't what it was,
always that slender handsome face and strong strapping body
remain as they were that Sunday night in the picture-house
on the Crossroads, kept safe from harm in my dreams,
and now after 23 years going round and round in my head,
they have finally found sanctuary in a poem.

SAMHAIN 1976

Áit inteacht idir an Strand agus Soho Square
a casadh orm é, mé amuigh ag déanamh aeir.
A shúile suáilceacha, thuirling siad orm sa tsráid
chomh haerach le dhá fheileacán agus mé ag gabháil thar bráid.
Thug siad an samhradh leo isteach sa gheimhreadh.
Ansin i dtapú na súl bhí siad ar shiúl, slogtha sa tslua.
Mór an trua, thug mé cion daofa láithreach agus taitneamh.

Char casadh orm é ní ba mhó. D'imigh sé le haer an tsaoil.
Lig mé d'aisling an aoibhnis imeacht i mbéal na séibe
agus fios agam go bhféadfaimis bheith inár gcairde gaoil.
Ó shin tá cathú dochloíte orm i ndiaidh a scéimhe.
Cuartaím an aghaidh sin i ngach aghaidh dá ngráim;
an tsiúráilteacht shéimh sin i ngach súil dá ngrinnim
ach oíche ná lá níl a mheá le fáil is ní bheidh go brách ...

      Mar an té úd dob fhinne
dob áille gné, ba i naoi déag seachtó sé a casadh orm é;
agus 'sí a óige dhiaga, an lasadh ina ghrua, an snua ina ghéaga
a lorgaím, a shantaím go síoraí agus ní buan dá leithéidí
ach amháin i mo bhrionglóidí ...

NOVEMBER 1976

Somewhere between the Strand
and Soho Square,
I was entirely taken
in by his air,
the flecks of his eyes
butterflying by
before the crowd wintered
the summer joy
I instantly admired,
away.

And that was that:
wind and smoke,
my lost confederate
torn from my soul
till in each face
I love, I seek his;
in each eye
I see, I want
his sure-fire
emblazoned ...

the blonde beast
I met in '76,
all youth-blessed,
with wine in his cheeks
so full-bodied
I have sought it
ever since in dreams
time and time again
while he, no longer him,
keeps changing.

SAMHAIN 1984

Ach gurb é do shúil ghorm ghlé
Ní shoilseodh i nduibheagán na hoíche
spéir an mheán lae.

Ach gurb é do lámha beaga bláfara
Ní chorródh choíche ar mo ghéaga
toradh chomh cumhra.

Ach gurb é salann do chuid allais
Ní chuimleodh bog-ghaotha ón tsáile
le croí seo an dóláis.

Ach gurb é fuiseoga do phóga
Ní neadódh i bhfiántas mo chléibhe
na suáilcí diaga.

NOVEMBER 1984

Only for your blue-bright eyes,
 does night shift
 for mid-day sky.

Only for the petals of your hands,
 does my skin know
 such a holy essence.

Only for your salty sweat,
 does the ocean breathe
  on my sunken heart.

Only for the skylarks of your kiss,
 has my heart become
  a sacristy of gifts.

SAMHAIN 1994

Anocht agus mé ag meabhrú go mór fá mo chroí
Gan de sholas ag lasadh an tí ach fannsholas gríosaí
    Smaointím airsean a dtug mé gean dó fadó agus gnaoi.

A Dhia dá mba fharraige an dorchadas atá eadrainn
Dhéanfainn long den leabaidh seo anois agus threabhfainn
    tonnta tréana na cumhaí anonn go cé a chléibhe ...

Tá sé ar shiúl is cha philleann sé chugam go brách
Ach mar a bhuanaíonn an t-éan san ubh, an crann sa dearcán;
    go lá a bhrátha, mairfidh i m'anamsa, gin dá ghrá.

NOVEMBER 1994

Tonight weighing heavily on my heart,
I find in fading embers of the hearth
how love, consumed, flares and grows dark.

O God, if the abyss between us was sea,
I would sail this currach-bed to his quay
over loss-high waves at Your mercy.

Now, he is gone and will never return;
but as the bird lives on in the egg; in the acorn
the tree, my soul is his love's garden.

CEANN DUBH DÍLIS

A cheann dubh dílis dílis dílis
d'fhoscail ár bpóga créachtaí Chríosta arís;
ach ná foscail do bhéal, ná sceith uait an scéal:
tá ár ngrá ar an taobh thuathal den tsoiscéal.

Tá cailíní na háite seo cráite agat, a ghrá,
's iad ag iarraidh thú a bhréagadh is a mhealladh gach lá;
ach b'fhearr leatsa bheith liomsa i mbéal an uaignis
'mo phógadh, 'mo chuachadh is mo thabhairt chun aoibhnis.

Is leag do cheann dílis dílis dílis,
leag do cheann dílis i m'ucht, a dhíograis;
ní fhosclód mo bhéal, ní sceithfead an scéal,
ar do shonsa shéanfainn gach soiscéal.

DEAR DARK-HAIRED LOVE

My dark dear, dear dark-haired love,
our kisses open Christ's wounds up;
don't open your mouth, don't tell a soul –
our love's on the wrong side of the gospel.

The local girls are going crazy,
trying to win you away from me;
but you prefer us on our own,
kissing, cuddling till the healing comes.

Lay your dark dear, dear dark head,
lay your dark head on my breast, dear friend;
I won't say a word to a living soul –
for you I'd thrice deny a gospel.

ANGHRÁ

Char nigh mé, char ghlac mé folcadh le dhá lá—
Tá cumhracht fholláin do chraicinn, a ghrá,
ag éirí ó mo chorp go fóill, ó mo lámha.

⚓

Mo dhá láimh ar chuar do thóna—
Os ár gcomhair, grian an tráthnóna
ag muirniú mhaolchnoic na Ceathrúna.

⚓

A chroí, d'imigh tú uaim ag deireadh an tsamhraidh ...
ach i gcófra an éadaigh, dlúite suas le mo chuid féin
tá na brístí beaga a d'fhág tú i do dhiaidh i mo leabaidh ...

EROTICA

I didn't wash, I didn't shower for two whole days –
the sweet smell of your skin, honey,
still there on my hands, my body.

⚓

My two hands on the slopes of your bum –
before us, the afternoon sun
warms to the bare cheeks of Ceathrúin.

⚓

Sweetheart, you left when summer ended ...
but in the wardrobe, where my own are kept,
the briefs you left behind in my bed ...

LASTIAR

Ní ardaíonn tú i do shuan
aon tearmann ná daingean.

Le linn na hoíche bím ag siúl
i do shaol laistiar de mheall na súl,

atá níos dúchasaí ina ghoirme
ná sais na Maighdine Muire.

Ar an taobh cúil d'fhocail
tá a mhacasamhail de shaol.

BREAKTHROUGH

Sound asleep, you put up
no defences, no wall,

so at night, I walk
your mind's landscape,

its sky more naturally blue
than the sash God's mother wore.

On the other side of a word
there is such a view.

FIOS

Dálta an damháin alla sa chlaí
ar dhearc muid air an lá úd
ag fí ghréasán a shaoil as a phutógaí,
tuigeadh domh anocht
agus mé ag éisteacht leat ag eachtraíocht
gur as do mhagairlí
a fhíonn tusa, a chroí,
gréasán do shaoil: do mhoráltacht.

CARNAL KNOWLEDGE

D'you remember the spider we saw
in the fence that day, spinning
and spilling his guts into a tissue
of lives for himself? Tonight,
with you yarning away,
I thought – it's your balls
cut the cloth of your days,
my friend, fashion your morality.

SPLIONTAIR

Tá sé imithe, imithe go brách
tráth an aitis, tráth an tsuaircis,
nuair a bhí ár ngrá gléigeal: –
criostal an aoibhnis
a niamhraigh ár mbeatha gach lá
is a chrithlonraigh le hiontais
i gcroílár ár ndorchadais.

Thaispeán muid é don tsaol
go hoscailte neamheaglach;
seod criostail ár ngaol,
mar sholas comharthaíochta
daofa siúd ar fud an phobail
a cheil go míshuaimhneach
an grá nach raibh ceadmhach.

Ach dúradh go tarcaisneach
go raibh ár gcaidreamh claonta,
nach raibh sé de réir reachta,
go raibh sé graosta scannalach
is ar an chriostal luachmhar, a stór,
caitheadh masla agus salachar;
Briseadh é ina smionagar.

Is tá na spliontair ag broidearnaigh
i mo chliabhsa ó shin;
Is i gcuisle na héigse, a stór,
seo iad anois ag déanamh angaidh . . .

SPLINTERS

It's over, over forever,
the time of joy and pleasure
when our love shone through:-
that crystal of true
happiness lighting up our days,
whose sparkling erased
our deepest darkness.

We were open and unfearful,
showing the wide world
our love's jewel,
showing all the people
who cover with shame
the love we dared to name,
clear as a candle.

But foul mouths in force
called our love perverse
and unnatural according to scripture.
Labelled untouchable and unclean,
they smashed to smithereens
our sacred crystal
with all the curses and spittle
they were fit for.

The splinters are like needles
stabbing my chest.
They reach the vein of poetry
and pierce it.

UAIGNEAS

Agus tonn teaspaigh ag rúscadh do cholainne
tchínn an bradán ag léimtigh ionat
agus fionnadh do bhrollaigh ag bogadaigh mar fheamainn.

Anois tá achan oíche níos faide ná a chéile,
níos uaigní, ach anuraidh agus bruth d'anála
ina ghála i mo chuid gruaige ...

MAROONED

I've seen in the lashing whirlpool of your flesh,
salmon-leaps; sea-weed rolling on your foaming breast.

Now, nights are long and lonely as the next;
doldrums where your storms once capered on my neck.

MAOLÚ

Tá an ghealach ina suí os cionn na Beithigh agus í
liathbhán agus leibideach, ag caitheamh míghnaoi
a gnúise ar thír tharnochta mo shamhlaíochta ...

A chroí, nuair a thig maolú ar fhaobhair an phléisiúir
tá a mhaith tugtha, tá sé chomh mí-úsáideach
as sin amach le lann meirgeach rásúir ...

BLUNT

The hangdog moon above Beithigh,
all faded and jaded, looks uncomfortably
at my stripped bare, dream territory ...

My love, when pleasure fails to cut ice,
the good is gone, and it becomes as useless
as a razor-blade gathering rust to rust ...

BLUES NA BEALTAINE

Ar maidin Dé Domhnaigh
Dúisím as mo chodladh
Chomh cráite le seanmhadadh
'Bheadh ite ag na dearnaidí.
Buideáil, *butts* agus boladh
Anseo is ansiúd fá mo leabaidh
Mar nach bhfuil tusa liom, a chroí,
'Do luí anseo le mo thaobh.
Tá tú ar shiúl leis an *chreep*
A bhronn ort an *Ferrari*.

Ar maidin Dé Domhnaigh
Gheibhimis na páipéirí i gcónaí:
Tusa an *Times* is an *Tribune*,
Mise na cinn le *Page Three*;
Is léimis iad sa leabaidh,
Stravinsky againn ar an *Hi-fi*.
Ach inniu, tá na páipéirí gan bhrí
Fiú amháin *page three*
Nuair nach bhfuil tusa ann a chroí,
Le iad a léamh leat sna blaincéidí.

Ar maidin Dé Domhnaigh
I ndiaidh babhta bheag suirí
Dhéanainnse an bricfeasta réidh;
Ispíní, *toast* agus tae
Is d'ithimis é sa leabaidh
Is muid ag pleanáil an lae;
Ach cén bhrí 'bheadh i mbricfeasta
Cén bhrí in ainm Dé
Is gan tusa anseo fosta
Le é a ithe i mo chuideachta.

BEALTAINE BLUES

I woke up this morning
and found it was Sunday.
I felt like a hound-dog
eaten by fleas.
There were bottles, butts,
bad smells on the bed
and no sign of you
by my side. Oh Baby,
you've gone with that creep
in the Ferrari.

On Sundays, we always
read the papers,
your Times and Tribune,
mine with Page Three.
We'd read them in bed,
to the sound of Stravinski,
but today, the papers
are not worth a fuck,
not even Page Three,
without you in the covers.

On Sunday mornings
after some lovin',
I'd make us breakfast
of tea and toast.
We'd eat in bed
planning the day;
but what's the point
in breakfast at all
if you can't be here
to eat with me?

Ar maidin Dé Domhnaigh
Dúisím as mo chodladh;
'Dhia, tá an teach seo folamh!
Ach féach! os cionn na tineadh
Tá seacht bpéire *panties*
A dhearmadaigh tú, a chroí;
Bán agus gorm, dearg agus buí,
Seacht bpéire *panties*, a chroí
Ag glioscarnaigh mar thuar ceatha
Domhnach dubh seo mo bheatha.

I woke up this morning
and found it was Sunday,
the house empty
but over the fire –
seven pairs of panties
you clean forgot;
white blue red yellow ...
seven pairs of panties
hang like a rainbow
shining through the dark.

AMHRÁIN BHEAGA

(i)

A ghéaga téagartha, a chaomhchorp déagóra –
taibhsíonn sé chugam agus mar dhiamant gloineadóra
gearrann splanc na cuimhne mo chruas

Ó bhaitheas go bonn anuas, agus cá bhfios nach raibh m'iarraidh ar fáil
dá bhfosclóinn mo bhéal, dá nochtóinn mo smaointe,
dá ligfinn mo rún leis agus é i mo dháil . . .

Ach anois níl le déanamh agam, a mhian mo chroí,
ach dallamullóg a chur orm féin i mo leabaidh shuain . . .
cha dtógann tú cian domh ach amháin i mo bhrionglóidí.

(ii)

Níl sé i ngrá liom agus ní bheidh go brách
an buachaillín bán nach mian leis ach mná.

Rachadh sé a luí liom agus dhéanfadh an gníomh
is d'éireodh ina dhiaidh sin faoi mar nár tharla ariamh.

Anocht tá fáinne fearthainne timpeall na gealaí:
ní shnaidhmfidh fáinne sinne go brách, a chroí . . .

SONGS

(i)

His strong arms, his teenage body
come to me in a flash of memory
and like a diamond blade, cut through my facade

from top to tail. And maybe I could've had
my wish, if I'd opened my mouth, bared my thoughts,
told him my secret when I had the chance ...

Now all I can do is just
have myself on in my bedroom. With your hands
far dearer than diamonds, I dream on.

(ii)

He doesn't love me and he never will,
the beautiful boy who only likes girls.

He'd lie with me, man to man,
and afterwards act as if nothing happened.

Tonight there's a ring of rain about the moon.
No ring in the world can wed me to you.

A MHIANTA M'ÓIGE

Taraigí agus glacaigí seilbh orm, a mhianta m'óige.
Le bhur mbriathra míne cealgaigí mo cheann críonna, le ceol fuiseoige
bhur ndíograis, cuirigí meidhir mearaidh fá mo sheanchroí támh.
Taraigí nuair a dhúisíos cuimhní na colla
nuair a chuislíos griofadach teasa ar fud na fola
nuair atá gach ball de mo bhallaibh ag dúil le dáimh ...

Taraigí chugam mura mbeadh ann ach cuairt reatha:
in uaigneas na hoíche nuair a chuimhníos cneas agus cnámh
ar shnaidhmeadh agus scaoileadh géag, ar bhoige mhaoth a bhéil ...
Ansin, a mhianta m'óige, tabhair céad réime do mo chéadfaí.
Bíog agus beoigh gach féith! Griog agus gríos! D'aonlámh
cuimlimis smearadh seileoige as na baill bheatha ...

PASSIONS OF MY YOUTH

Passions of my youth, come over me.
Turn my wary head soft-wards
and make merry with your larks
my stoned and heavy heart.

Come when dreaming flesh awakes
the beat of blood bubbling hot
with hunger from toe to top.
Come, if only for a pit-stop

in the dark, out of sheer loneliness
when I recall skin and bones,
limbs that link and loosen,
or his mouth, moist and open.

Then, and only then, unleash
my senses like a pack of hounds
you have tied, teased and unbound
with one stroke, my dears, of your hand.

CAINTEOIR DÚCHAIS

Bhí sé *flat-out*, a dúirt sé
i gcaitheamh na maidine.
Rinne sé an t-árasán a *hoover*eáil,
na boscaí bruscair a *jeyes-fluide*áil,
an *loo* a *harpick*áil, an *bath* a *vime*áil.
Ansin rinne sé an t-urlár a *flash*áil
na fuinneoga a *windolene*áil
agus na leapacha a *eau-de-cologne*áil.

Bhí sé *shag*áilte, a dúirt sé
ach ina dhiaidh sin agus uile
rachadh sé amach a *chruise*áil;
b'fhéidir, a dúirt sé, go mbuailfeadh sé
le boc inteacht
a mbeadh Gaeilge aige.

NATIVE SPEAKER

He was flat-out, he said,
after the morning.
He had the place all hoovered,
the bins jeyes-fluided,
the loo harpicked, the bath vimmed.
Then he flashed the mop over
the floor, windowlened the windows
and eau-de-cologned the beds.

He was shagged-out, he said,
but even so, he was all set
to go out cruising;
you never know, he said,
he might run into someone
with *a cúpla focal.*

AG FAIRE DO SHUAIN

Ó dá mba ar mo mhian a bheadh sé
     a bhuachaill na gréine
bheinnse ag taisteal anocht i gceithre
     críocha do cholainne;
tusa atá ag críochantacht liom
     go teolaí codlatach,
cuachta go caoin ar mhór-roinn na leapa
     i do ríocht rúnda.

Tá leithinis téagartha do choise ag síneadh
     uait amach, a dhianghrá,
thar chlár mara an urláir; 'mo ghríogadh
     mo mhealladh is mo chrá.
Ó bhéarfainnse a bhfuil agam agus tuilleadh
     'bheith i mo bhradán sa tsnámh,
i mbéal abhna do bhéil, ag lí agus ag slíocadh
     carraigeacha déadgheal do cháir.

Sínte os mo chomhair, a rúin, i do thír
     dhiamhair toirmiscthe,
santaím tú a thrasnú ó lochanna scuabacha do shúl
     go leargacha gréine do ghruanna;
ó mhachairí méithe d'uchta atá ar dhath
     buí-ómra na cruithneachta;
síos cabhsaí cúnga na rún go bun na dtrí gcríoch . . .
     ansiúd tá luibh íce mo shlánaithe.

Ó ba mhaith liom mo shaol a thabhairt go héag
     ag dul i dtaithí ort, a ghrá,
ó cheann tíre do chinn go lomoileáin
     sceirdiúla do ladhra –
cé nach bhfuil tú ach beag baoideach, a mhian,
     is a chuid bheag den tsaol;
anocht agus tú spréite ar lorg do dhroma –
     tuigim dá bhfaighinn fadsaoil

WATCHING YOU SLEEP

Oh, if it was up to me,
sunny boy,
I'd be travelling all over
the four boundaries of your body;
you who make a warm and sleepy
boundary here with me,
tucked up tight on the imperial bed
in your secret kingdom.

Your foot's strong promontory
is stretched out, my love,
over a seascape of floor; turning
me on, tempting me, killing me.
Oh, I'd give all I have and more
to be a salmon swimming
in your river-mouth, lolling
and licking over your rocky teeth.

Stretched out before me, darling,
like a strange forbidding land,
I want to go over you from the sweeping lochs
of your eyes to your sunny sloping cheeks,
from the rich plains of your chest
the amber-yellow of wheat-fields,
down narrow secret passageways to the end.
There, is nature's remedy; there, my healing.

Oh, I'd like to live my life
checking you out, my love,
from your headland to the bare
forked islands of your toes.
Even though you're only small, honey,
only one small part of the world,
tonight, with you spread out on your sloping back –

nár leor é ná a leath le fios fíor a chur ortsa,
      do chríocha is do chineál; –
cé nach bhfuil tú ach beag baoideach, a chroí,
      tá tú gan chríoch . . .
ach mairfidh do chumhracht chréúil i gcónaí
      i mo chuimhne, is beidh d'ainmse,
a bhuachaill na gréine, ag sní i mo chéadfaí
      mar a bheadh abhainn ann, ag éirí

      os a gcionn mar a bheadh sliabh ann . . .

I know the world of you is wide.
Wouldn't half as much be enough to know you,
properly, your nature and potential?
Even though you're only small, honey,
you are limitless.
Your scent, driving me crazy, will linger
in my memory; and your name, sunny boy,
will whirl my senses like a river,
swell over them like a mountain.

It
could have been any place
but it wasn't
it was
London.
— Lawrence Ferlinghetti

DO M'ATHAIR

Smaoinigh mé airsean i mo shiúl aréir
      is an saol ag goillstean orm go cráite;
airsean nár chleachtaigh ariamh cathair
      ná dóigheanna damanta na sráide.

Chuala mé a dheisbhéalacht shoineanta
      a saoradh as teanga lucht feasa;
is bhí gach siolla ina ortha chosanta
      ar na béimeanna súl a ba mheasa.

Chonaic mé é go dochloíte ag leasú
      ithir bhocht dhomasach an tsléibhe;
is shantaigh mé an uaisleacht chaoin
      i gcoraíocht dhian a shaoil.

Ach tá mé gan an dúthracht chiúin
      a chloigh do sliabh is seascann dúr;
is tá mé mar chách ag séanadh gnáis
      faoi bhuarach báis na sráide.

FOR MY FATHER

I thought of him last night
in the rat-race of the street.
How he never took to the city's
short shrift and cool conceit.

I was struck by his conversation,
a chip off the ancient block,
and when I made with it this prayer,
a blind alley turned its back.

He smiled under the strain
of his usual up-hill graft;
and I envied the strange dignity
of his stern, unworldly craft.

But I lack the quiet devotion
to take on rock and bog.
Like everyone else, I swap customs
for street cred and newer gods.

MISE CHARLIE AN SCIBHÍ

Do Jarlath Donnelly

Mise Charlie an scibhí,
lán éadóchais agus crá
ag caidreamh liom féin
ar mo lá *off* ón Óstán;
síos agus aníos Hyde Park
ar fán i measc scuainí
doicheallacha an Domhnaigh
is a Raiftearaí, *fuck this for a lark*.

Ach ina dhiaidh sin agus uile
sáraíonn orthu mé a chloí
agus amanta i splanc díchéillí
lasann mo chroí le díogras
diabhalta domhínithe na hóige
agus tchítear domh go bhfuil oifigí
úrghránna na gcomhlachtaí gnó
chomh caoin le húrchnoic mo chuimhne.

Ach bíonn amanta ann fosta —
laethanta bó riabhach na haigne
agus ní bhíonn ann ach go mbím
ábalta mo cheann a ardú
agus mo shúile a dhíriú
ar na hUafáisí. Tráthnónta geimhridh
agus an dorchadas ag teacht anuas orm
i gcruthaíocht *vacuum cleaner,*

'mo shú isteach go craosach
i bpoll guairneáin lagmhisnigh;
Agus sa tslí sin agus a leithéidí

I'M CHARLIE THE SCIVVY

For Jarlath Donnelly

I'm Charlie the scivvy
all down and out,
pissed off and alone
on my day off work.
A Jeckyll in Hyde
Park, I'm lost
in these crowds,
sour as a Sunday.
Tell Raftery, the file,
fuck this
for Cill Aodáin!

Yet somehow I survive
and for no good
reason, my heart
catches fire
from a flame of youth,
untamed and insane,
melting the icy
office-blocks
into pools of memory.

Other days,
it's the Ides of March.
I hardly dare
to show my face.
The cold and dark
shake and vex me
into the black
hungry hole
of apathy until
my world and words

téann snáithe mo shaoil
agus mo scéil in aimhréidh
i gcathair ghríobháin an tseachráin
agus ní bhíonn mo theangaidh
i ndán mé a thabhairt slán

ón Bhaol. Teangaidh bhocht an tsléibhe!
I gculaith ghlas caorach
an tseansaoil, tá sí chomh saonta
liom féin, i *slickness* na cathrach;
chomh hamscaí faoi na soilse seo
le damhsóir bróga tairní
i *mballet* Rúiseach. Ach lá inteacht
tiocfaidh muid beirt, b'fhéidir,

Ar phéirspictíocht dár gcuid féin
a bhéarfas muinín dúinn
ár n-aghaidh a thabhairt go meanmnach
ar ár ndán; tráth a mbeidh
ár mbriathra ag teacht go hiomlán
lenár mbearta, is cuma cé chomh fada
agus a bheas muid ar fán
ónár ndomhan dúchais.

Féach anois mé is mo chúl
le balla i dTrafalgar Square,
ag dúil le bogstócach ón bhaile
atá amuigh ag déanamh aeir
mo dhálta féin, agus mura raibh
a dhath níos aeraí á bhíogadh,
sure, thig linn suí anseo, taobh
le taobh agus glúin le glúin, go ciúin,

ag éisteacht le colúir ár gcuimhní
ag cuachaireacht i gcomhthiúin.

are jailed in a maze,
my mountain-high
tongue press-ganged
from its pastoral home
to the slickness of a city
whose different light
portrays us both
as bog-trotters at a ball.

One day, perhaps,
we'll each of us
find our true
perspective, the strength
to outface our fate
in words packed
as action until
it hardly matters
how far, how long
we meander from home.

Look at me now,
my back to the wall
in Trafalgar Square,
waiting for another
young émigré
out for air,
after my own
heart and if not,
well, we can sit
right here,
close and quiet,
like two pigeons
cooing in unison.

LONDAIN

Do Bhrian, Bhríd agus Chaitlín

Am stad. Amach leis an iomlán againn sciob sceab.
Pláigh chuileog as carn lofa d'oifigí gnó.
Níl éinne fial le dáimh ach í siúd thall – Báb
i mbreacsholas an chlóis chaoich. *"I'm Nano
the Nympho,"* arsa mana griogach a cíoch.
"Bí ar d'fhaichill uirthi," a dúradh go fuarchúiseach.
"Tá fabht inti," is brúim isteach i gceann de thithe
gabh-i-leith-chugam na bPizzas mar rogha ar an striapach.

Níl le feiceáil anseo ach feidhmeannaigh oifige.
Scaoth ag gach bord. Seabhrán os cionn na mbiachlár.
Samhnasach. Urlacaim, sconnóg ar mhuin sconnóige
lá domlasach na hoifige. Gach uile eiseamláir
mhífholláin a ndearnas díleá air le bheith i mo *bhoss*;
gach scig-gháire pislíneach faoi mé bheith *très
distingué* i mo chulaith úr cheant; gach seal ar an *doss*
le héalú ó cheirnín scríobhta a bhféinspéise — mé — mé — mé.

Damnú orthu. ní dhéanfadsa bábántacht níos mó
ar theoiricí míofara as broinn tí chuntais. Go hifreann
le gach *clic* — *cleaic* — *ac* as clóscríobhán Miss Devereaux;
le gach *jolly good delineation, pop it up to Dodo or Boremann;*
le gach luas staighre, le gach clagairt chloig, le gach *ditto;*
leo siúd go léir a d'angaigh mo mhéinse le bliain. Amárach
pillfidh mé ar Ghleann an Átha, áit a nglanfar sileadh an anró
as m'aigne, áit a gcuirfear in iúl domh go carthanach

go gcneasaíonn goin ach nach bhfásann fionnadh ar an cholm.

CAPITAL

Knocking off time. Out with the lot of us. Chop chop.
A plague of flies from a stinking pile of office blocks.
Nobody pays any heed but her there - Bab,
half lit up in the blind alley. I'm Nano
the Nympho says the rising manna of her breasts.
Watch out for that one - someone said, cold as pavement.
She's not all she seems. I push into one of those
pizza parlours, away from the spiderwoman.

All you see here are office types. A swarm
at every table buzzing over the menu.
Sickening. Drop by drop, I retch the gall
of my day at the office: every putrid example
I'd digested to become a boss; every slobbering
aside about my being *très distinguè*
in my cut-price suit; every brief escape
from the scraped record of their lives, the needle stuck

in a groove spinning me-me-me. Damn it,
I'm throwing out baby and bathwater, the ill-conceived
theories of this barren counting house. To hell
with every click and clack on Miss Devouro's
foolscap; every jolly good show from Dodo
or Boremann; every just so; every one of them
that's soured my mind for a year. Tomorrow, I'm back
in Glenford where I'll be purged of this poison

and learning the all-too-familiar lesson
that a wound heals but hair doesn't grow on the scar.

GLADSTONE PARK

Sa pháirc phoiblí seo is minicí mé ar an tSatharn
i bhfoisceacht leathmhíle den lóistín i Neasden.
Tigim anseo cé go mb'fholláine i bhfad otharlann.
Daoine trochailte is mó a bhíonn ann.

Tá na faichí ar dhath shúlach buí na gcaolán
is tá boladh bréan ag teacht as linn na lachan.
Ag streachlánacht thart a chaithim an lá
ag amharc ar dhaoine dubhacha na cathrach,

na seanphinsinéirí a bhíonn ina suí leo féin ar bhinsí,
a gcnámha ag scamhadh, iad goncach le slaghdán,
na bacaigh chromshlinneánacha ag rúscadh i gcannaí,
na druncairí ag drádántacht sna cabhsaí.

Is mothaím a mbuairt mar bheadh sconnóg chársánach fola
i bhfostú i mo sceadamán. A bheith anseo achan lá,
ag diomailt an ama, ag dúdaireacht, ag déanamh na gcos,
ag diúl fíona. 'Dhia, a leithéid de phionós.

Ach cé go mbraithim m'óige ag meirgiú gach Satharn
faoi shúile goirte na n-éan scoite is na n-easlán,
níl aon dul as agam ach a theacht chun na háite
ach an oiread le steallaire ag teacht ina ghaisí.

Mar d'ainneoin na déistine, braithim bród i mo chroí;
mar bhuachaill ar fheiceáil a chéad ribí fionnaidh,
bród go bhfuilim anois in aois fir is gur tús fáis
mo dhaonnachta an bháidh seo le lucht an dóláis.

GLADSTONE PARK

Most Saturdays I'm in this public park
about half a mile from my digs, in Neasden.
I come here even though a hospital would be healthier;
the place attracts mainly down and outs.

The lawns are the colour of puked-up guts
and there's a stench breathes from the duck pond.
I spend my day walking here and there
watching blighted city folk:

old-age-pensioners sitting snot-
nosed on lonely benches, failing;
hunched-up tramps hoking in tins
the drunks have left to go beg.

And I feel their sorrow, like blood, clot
the back of my throat. Trapped here, killing
time every day, they hang out, stretch their legs,
and knock back wine. God, what punishment!

The hurt looks every Saturday
of these odd birds and invalids
rust my youth. Still, I feel
I can only come and come again

like an injection in spurts. You see,
apart from my dismay, I'm proud as a boy
finding his first hairs; yes, proud
to become a man whose humanity begins

plumbing these depths with the woebegone.

DÉAGÓIR AG DRIFTÁIL

Do Bhrian Kennedy

1.

Anseo ar ardán in Euston, i mo shuí go corrach ar mhála
    atá lan de mhianta m'óige;
tá traein ag tarraingt amach go tíoránta, ag stealladh
    beochréachtaí as mo Dhóchas,
le buille boise toite, le fuip fhada deataigh;
    ach tugaim m'aghaidh ar an tsráid,
an ghrian ag gealadh i mo chroí, an samhradh ag borradh i mo chéadfaí.

2.

Tá beochán beag gaoithe ag tógáil sciortaí gorma
    an tsiolastraigh
agus mé i mo shuí ar bhinse i measc na mbláth
    i bFinchley
ag féachaint ar shaighdiúir óg atá ag féachaint
    ar na *poppies*;
é níos caoine ina dhreach, níos séimhe ina shiúl,
    níos mó le mo mhian
ná an chailleach dhearg lena thaobh a bhfuil sac salainn
    á dhéanamh aici le leanbh.
Piocann sé *poppy*, tiontaíonn a chúl liom go tobann,
    agus as go brách leis as mo shaol,
gan amharc orm, gan labhairt liom, gan spéis dá laghad
    a léiriú ionam.
Ó nach tútach an croí a théann i gcónaí isteach
    i ndol an cheana!
Ó nach truacánta an gean nár chinniúint dó fás
    is a theacht in éifeacht!
Tá lus an ghrá ag sileadh deora dearga éagmaise
    is tá na *lupins* ina gcolgsheasamh
sa choirnéal, á dtaispeáint féin go magúil do na *pansies*.
    Tá mise agus an chailleach dhearg

DRIFTING

For Brian Kennedy

1.

Here I am at Euston Station, sitting uncomfortably
      on my hold-all of dreams; a train pulls out painfully,
dunting my hope's open wound with claps of smoke,
      with a long whip of dust; but I take to the street, the sun
lightening my heart, summer swelling my senses.

2.

A gentle breeze lifts the blue skirts of irises
      as I sit on a park-bench in Finchley watching
a young soldier look at the poppies; he is
      more smooth-featured, more kind-eyed,
more to my liking than the red-faced girl
      beside him, rocking a child from side to side.
He picks a poppy, turns his back and suddenly
      goes out the door of my life forever,
without looking at me, speaking to me
      or showing the slightest interest in me.
Oh, isn't it hard for the heart always trapped
      in the net of love! Sad and sorry
for the love that can't blossom and grow!
      The love-lies-bleeding shed red tears
of longing, and the lupins are bolt-upright now
      in the corner, showing off to the pansies.
Me and the red-faced girl are sat on a bench,
      the child fast asleep now. A beautiful Cupid's
dart points its lavender tip at us from the flowerbed.

suite ar bhinse, an leanbh ina staic chodlata anois;
 saighead álainn Chúipid
ag díriú a bheara labhandair orainn ón bhláthcheapach.

3.

Tháinig mé anseo ó chnoic agus ó chaoráin,
Ó pharóistí beaga beadaí an bhéalchrábhaidh, ó bhailte
 an bhéadáin, ó bhochtaineacht
agus beaginmhe mo mhuintire, ó nead caonaigh a gcineáltais,
 ó chlaí cosanta a socrachta.
Teastaíonn fuinneoga uaim! Teastaíonn eiteoga uaim!
 Tá mé dubhthuirseach de rútaí,
de bheith ag tochailt san aimsir chaite, de sheandaoine
 ag tiontú ithir thais na treibhe,
ag cuartú púiríní seanchais a thabharfas cothú anama daofa
 i ndúlaíocht ghortach an gheimhridh;
de dhomboladh na staire a chuireann samhnas orm;
 de bhlaoscanna cinn mo shinsear
ag stánadh orm go námhadach ó chrann ginealaigh mo theaghlaigh.
 Tá mé ro-óg do sheanchuimhní!

4.

Tá an tsráid anásta seo as anáil i marbhtheas an mheán lae
 agus í ag ardú na malacha
I nDollis Hill lena hualach de chúraimí an tsaoil;
 línte níocháin a clainne
ag sileadh allais i gclúideanna salacha a colainne;
 gearbóga gránna an bhuildeála
ag déanamh angaidh ina haghaidh liathbhán chráite;
 smug bhréan an bhruscair
ag sileadh ó ghaosáin gharbhdhéanta a cuid cosán.
 Siúlaim thairisti go tapaidh
agus léimim ar bhus atá ag gabháil go Cricklewood Broadway.

3.

Here I came from hill and bog,
from small parishes of hypocrisy, from gossipy towns,
   from the poverty and anonymity
of my people, from the mossy nest of their kindness,
   the defences of their complacency,
wanting windows, wanting wings,
   sick-to-death of roots,
of digging in the past tense, of old people
   raking up the tribal soil
for small potatoes of *seanchas* to feed their hungry souls
   in the dregs of winter,
of the mustiness of history that revolts me,
   of the skulls of my ancestors
evil-eyeing me from family trees.
   I'm too young for old memories!

4.

This struggling street wheezes in the midday heat
   as she lumbers up the slope
of Dollis Hill with the worries of the world on her shoulders,
   her family washing-lines
steaming in the dirty corners of her body, ugly scabs of building sites
   festering in her worn anguished face,
filthy snotty rubbish streaming from the coarse nostrils
   of her alleys. I run from her sight
and hop on a bus to Cricklewood Broadway.

5.

Tá glórthaí Conallacha, guthanna Ciarraíocha ag bláthú anseo
    ar chrann géagach na gcanúintí,
agus i mbrothall na cathrach tá a mboladh tíriúil chomh fionnuar
    le gaoth cháite ón tsáile, le ceobháisteach ón tsliabh.
Tchím iad anseo, mo bhráithre, bunadh na gcnoc agus na gcladach;
    gnúiseanna eibhir, gimp na gcorra ina ngluaiseachtaí.
Iad chomh coimhthíoch sa tsuíomh seo le bairnigh na trá ag iarraidh
    a theacht i dtír i gcoincréit na sráide.
Tchím iad, aithním iad, sa *Bhell* agus sa *Chrown*, fir fhiáine mo chine
    a bhfuil tallann na dtreabh iontu go fóill
ach a chaitheann an lá ag cur troda ar thaibhsí tormasacha a n-aigne;
    ná deamhain óil a chuir deireadh lena nDóchas.
Níl mé ag iarraidh go ndéanfaí faobhar m'óige a mhaolú is a scrios
    le meirg an díomhaointis i seomra beag tais
an Uaignis, i g*Kilburn* no i d*Tufnell Park*, i *Walthamstow* nó i *Holloway*;
    i g*Cricklewood*, i g*Camden Town* nó in *Archway*.
Ní mian liom mo shaol a chaitheamh anseo leis an Uasal Uaigneas
    gan éinne ag tabhairt cuairt ar mo chroí,
Ina lámh dheis tá duairceas agus díomá, ina lámh chlé tá scian fola agus Bás
    Teastaíonn uaim tábla na féile a leagan don Áthas!
Teastaíonn uaim laethanta na seachtaine a ghléasú in éide an Aoibhnis.

6.

Caithim seal i siopaí leabhar Charing Cross Road
    ag *browse*áil i measc na m*Beats*;
Iadsan a bhfuil *voodoo* i *vibe*anna a gcuid véarsaí,
    a chuireann mise craiceáilte
sa chruth go bhfuil *buzz* ó gach beo agus go mbraithim
    i dtiúin leis an tsíoraíocht.
Agus mé ag *swinge*áil suas an Strand go Drury Lane
    tá gach ball díom ag ceiliúradh
ár ndiagacht shaolta agus ár ndaonnacht diaga
    agus ag diúltú don Tréad.

5.

Here, Ulster and Munster voices are blooming
        on the branching-out tree of dialects,
their country scent in this sweltering city is bracing
        as a sea-wind or mountain-drizzle.
I see them here, my brothers, the stock of hill and shore:
        their granite faces, their hard 'heron' stroll,
as out of place here as limpets in concrete. I see them,
        I recognise them, in the Bell and the Crown,
the wild men of my race who still have the tribal spirit
        but who spend the day fighting
the griping ghosts of their mind, the demon drinks
        that have poisoned their hope.
I don't want my youth blunted and ground down with rust,
        put to no good use in a damp lonely bedsit,
in Kilburn or Tufnell Park, in Walthamstow or Holloway,
        in Cricklewood, Camden Town or Archway.
I don't want to spend my life here with no-one
        warming to my heart but Mr Loneliness,
in his right hand – darkness and despair, in his left –
        a razor and death. I want to roll out the carpet
for happiness! I want to wrap my days up in joy!

6.

I hang out in the bookshops down Charing Cross Road
        browsing among the Beats,
getting good vibes from the voodoo in their verses
        which crack me up and open
until everything's a buzz and I feel in tune
        with eternity.
Swinging up the Strand to Drury Lane,
        every bit of me is singing
our human godliness, our godly humanity,
        and stepping out of the herd.

I gConvent Garden tá an ghrian ina gadaí sráide ag piocadh
    pócaí na gcoirnéal sa scáth;
agus tá na turasóirí cneadacha ag teicheadh i dtreo na dtábhairní,
    ag dul i bhfolach i dtithe bídh.
Téim faoi dhíon i gcaifé Meiriceánach. Tugann an freastalaí mná
    súil thaithneamhach domh
agus go tobann tig eiteoga ar mo dhóchas, fuinneoga ar mo dhúthracht.
    Tá Londain ag *rock*áil
in *amp* ard a gáire, i *swing* a cíche, i *hustle* a coise.

7.

I leithris i bPiccadilly labhrann buachaill liom,
    a shúile chomh ceansa
le dhá cholmán ag cuachaireacht sa chlapsholas.
    Neadaíonn siad i ngéaga mo gháire.
I ndiamhaireacht na coille craobhaí a nascann ár gcéadfaí le chéile
    téann sé le craobhacha.
Lena theangaidh déanann sé m'aghaidh a ní agus a lí
    i sobal cumhra a anála.
Fágann sé seoda a phóga ag glinniúint i mo shúile ...
    ach le teacht na hoíche
a cheann faoina eiteoga, tréigeann sé mé ...

8.

Is mór an méala é ach anseo i mBarkley Square
    agus na réaltóga ar an aer
cha chloistear an filiméala níos mó ...
    ach tá mo thriúr féin liomsa
ag ceiliúr i mo phóca, ag tógáil cian domh san oíche –
    Ginsberg, Corso agus Ferlinghetti.
Agus má sháraíonn orm leabaidh na hoíche a aimsiú
    dhéanfaidh siadsan mo shamhlaíocht
a shiopriú i bpluid ghleoite na spéire, mo bhrionglóidí
    a shuaimhniú ar adhairt chinn na gealaí ...

Londain 1973

In Covent Garden, the sun picks the pockets
    of corners in shadow
and done-in tourists head for pubs
    or hide in restaurants.
I take shelter in an American café. The waitress
    gives me the come-on
and suddenly my hope has wings, my drive windows.
    London is rocking
in its megawatt laugh, in the swing of its breasts,
    the hustle of its feet.

7.

In a toilet in Piccadilly, a boy speaks to me,
    his eyes meek
as two doves coo-cooing in the dusk.
    They nestle in my smile.
In the mystery-branching wood that binds our senses,
    he grows wild.
With his tongue, his sweet soft-soaping breath,
    he washes and licks my face.
His kisses leave jewels glinting in my eyes
    but, at nightfall,
he buries his face in his wings, and leaves me.

8.

It's the pits, but here in Berkeley Square
    with the stars in the sky,
there isn't a nightingale to be heard.
    Still I've got three of my own
chirping in my pocket, lighting up my nights –
    Ginsberg, Corso and Ferlinghetti;
and if I don't find a bed tonight,
    they will wrap my imagination
in a star-spangled blanket of sky, tranquillise
    my dreams on a pillow-moon.

London 1973

COR NA SIÓG

1.

Tráthnóna samhraidh. Súil theasaí na gréine
ar an tsráid, ag griogadh na gcéadfaí
i ngach ní ar a dtuirlingíonn sí, scóig buidéil,
cnaipe *blouse*, úll i bhfuinneog, murlán práis.
Agus mé ag siúl thart ag baint sú as suáilcí an tsómais,
tá sí ag caitheamh drithlí áthais ar an déagóir téagartha
atá ag imirt báil leis féin ar léana na himeartha.
Tá sí ag baint lasadh as fuinneoga faiteacha an tséipéil
i Willesden. Tá sí ag tabhairt a thapú aríst don tseanfhear bhreoite
seo atá á mo threorú suas Walm Lane i dtreo an Tube.
Agus i dtrangáil an tráthnóna, i mbrú daonna na sráide
tá sí ag gliúcaíocht leis na súilíní allais ar chlár m'éadain
ach fágaim i mo dhiaidh í agus mé ag gabháil síos sna duibheagáin . . .

2.

Sa charráiste aithním buachaill as an bhaile.
I meangadh leathan a gháire tá fairsingeacht tíre.
Ó mhalacha arda a shúl tá amharc aeir agus aoibhnis.
Suím lena thaobh. Tá sé ag pilleadh óna chuid oibre i Queensbury –
ag *shutter*áil do *subbie* – fágann sé slán agam i bhFinchley Park
ach fanann boladh na móna óna chomhrá croíúil-cois-teallaigh
ag séimhiú mo smaointe agus sa spás tíriúil seo
a chruthaigh sé domh, tugaim taitneamh ó chroí do mo chomphaisinéirí
Na buachaillí a bhfuil a gcinniúint chodlatach
cuachta i bpáipéirí an tráthnóna; na fir thromchúiseacha
ag bábántacht le *briefcases* ag iarraidh a gcuid cáipéisí
corrthónacha a chur a chodladh; na mná atá ag léamh beathaisnéisí
saoil agus seirce a chéile i dtéacs líofa na ndreach.

THE FAIRY REEL

1.

On a warm summer afternoon, the sun's eye
blinks on the street, waking forgotten nooks,
bottle-necks and blouses' buttons,
an apple on a window sill, a brass knob.
And as I walk, soaking up life,
she throws long shafts of light on a field
where a young man plays ball alone.
She makes the windows of Willesden's chapel blush,
and reddens the cheeks of the feeble old man
pointing me up Walm Lane toward the Tube.
And in the late afternoon drove of people
pressing against me, she takes one last poke
at the beads of sweat on my forehead
before I leave her, going down into the depths . . .

2.

In the train car I recognize someone from home.
He smiles, and I see the open countryside,
the light making its way across the hills.
I sit with him as he returns from Queensbury
where he does odd jobs for a sub-contractor.
He steps off at Finchley Park with a nod,
leaving behind the smell of turf and the voice of home,
luring me into the place he created for me,
where I sink into the other passengers,
the boys with their stalled destinies hiding behind
the evening papers, the men cuddling their briefcases
with self-importance, trying to lull the day's documents to sleep,
and the women reading biographies in each other's faces.

3.

Tuirlingím den Tube i dTottenham Court Road
agus caithim seal ag spásáil thart i Soho
ón Chearnóg go Carnaby Street. Tá'n áit seo Uasal;
i bhfad Éireann níos uaisle ná mar atá Coillidh Phrochlais.
Anseo tá na síoga ag *cruise*áil sa chlapsholas.
Tá siad tagtha amach as liosanna na heagla, as rathanna an uaignis.
Tá siad ar a suaimhneas i saoirse shiamsach na sráide,
i measc na mianta agus na n-ainmhianta, na bhfaisean agus na bpaisean;
i measc banríonacha na m*boutique*anna, i measc hustléirí haisíse,
i measc hipstéirí an cheoil. Tá siad ag baint suilt as an tséideán sí
atá ag éirí ina gcéadfaí is a bhuaileas an tsráid ar ball
ina ghuairneán grá . . . ina chuaifeach ceana.

4.

I nGreek Street tugann diúlach gan dóigh cuireadh domh
a ghabháil leis *"to hoot and to honk, to jive alive, man!"*
I bhFrith Street taobh amuigh de *Ronnie Scott's*
agus mé ag léamh na bhfógraí, tig buachaill álainn
de shaorchlann an leasa chugam gan choinne;
dath na gaoithe agus na gréine ag snasú a chéile
i dtír shláintiúil a scéimhe. *"You like jazz?"*, a deir sé go béasach,
agus i mbomaite tá ár n-aigne ag *jam*áil le chéile
i *riff* na haithne – Ella, Billie, Sarah, Aretha, Duke Ellington
agus Count Basie. Tá muid beirt ag tabhairt ómóis
don rítheaghlach céanna. Tugann sé cuireadh domh go dtí a sheomra
i St. John's Wood. Buddha os cionn a leapa, cipín túise
ár gcumhrú ó chófra, *jazz* ar an chaschlár.

3.

I get off the Tube at Tottenham Court Road
where I wander around Soho from the Square
to Carnaby Street. This place is enchanting,
so much more than the hunting of Prochlais Wood.
Here, the fairies come out from fear's ring-forts
and the raths of loneliness to cruise the waves of twilight.
They flow in the frenzied freedom of the street
with their longings and lusts, with the boutique queens
and the hashish hustlers, and hipsters blowing their horns.
They ride the storm, the fairy wind whirling
toward the street with *Love and Affection*.
This is my street!

4.

On Greek Street, a bum asks me to go with him,
"to hoot and to honk, to jive alive, man!"
On Frith Street I read the notices outside Ronnie Scott's,
and a handsome boy of the fairy family approaches me,
and in his face the colours of the wind and the sun
come together. "You like jazz?" he asks softly,
and suddenly we are off, jamming riffs of recognition –
Ella, Billie, Sarah, Aretha, the Duke and the Count,
worshipping the same royal family. He takes me
back to his place in St. John's Wood, Buddha
sitting above the bed, incense burning, and jazz
singing from a turntable on the chest.

5.

É slíoctha sciúrtha, a chneas chomh cumhra le clúimhín púdair;
a cheann catach déagóra ar mo bhrollach.
Tá muid beirt ar aon aois, ocht mbliana déag teacht an fhómhair.
Anois agus mé ag féachaint i ndoimhneas liathghlas a shúl
braithim go bhfuil saolta saolta curtha de aige;
go bhfuil sraitheanna feasa faoi cheilt i seandálaíocht a stuaime,
i gcré a chríonnachta. Tá muid in Aois an Dorchadais,
a deir sé liom, Kali yuga an Bhúdachais, an aois dheireanach.
Braithim chomh tútach i láthair a dhealraimh, é lasta le díogras,
ag míniú na gcoincheap Oirthearach domh; *Samadhi, Samsara, Dharma* –
le Maoise agus é ina staic amadáin os comhair an Tor Thine.
Tá mé ag baint lán na súl as a aghaidh thanaí álainn, as grian a chnis;
ag éisteacht le snagcheol a chroí agus é ag teannadh liom i dteas ceana.

6.

Anois tá *mantra* a anála ag oibriú ionam, á mo thabhairt thar na harda,
amach san Aoibhneas, áit a bhfuil na réaltóga ag déanamh cor na síog
do *Jazzman* na Gealaí
Fágaim slán aige ar *Abbey Road* ach féachaim ina dhiaidh go tochtach
agus é ag imeacht uaim, ag gabháil as aithne cheana féin
i *Samsara* na sráide, i measc Ciaróga agus Cuileoga na hoíche . . .
In Aois seo an *Kali yuga* siúlaim 'na bhaile sa tsolas
lán dorchadais . . .

5.

He is smooth, and sweet-smelling
like a powder-puff, his curly head on my chest.
We'll both be eighteen this autumn,
but now, as I look at him, he seems older,
like he lived life after life, wisdom and patience
exuding in layers from each of his pores.
"We are in the Age of Darkness," he says,
"The Kali yuga of Buddhism . . . the final age."
I feel small like Moses standing in front
of the Burning Bush – as he shines on me,
Samadhi, Samsara, Dharma dripping from his tongue.
I search his delicate features, running my fingers
across his skin, and I hear the jazz
in his heart as he presses against me.

6.

His breath's mantra feels warm on me, and the odour
carries me up into the sky to see the stars
dance the fairy reel for the Jazzman in the moon.
We say goodbye on Abbey Road, and I sadly watch him go,
disappearing into the night's shadows with the Beetles and Moths . . .
In the *Kali yuga*, I walk home in the light full of darkness.

Translated by Robert Wavle
Crib provided by Anna Ní Dhomhnaill

SÚIL SHOLAIS

An nóinín úd sa chúlsráid
a ghealaigh chugam go croíúil
as scoilt bheag sa tsuimint
agus mé ag gabháil thar bráid

Cha raibh ann ach é féin
ar chiumhais an chosáin
ag beannú domh lena ghileacht
tráthnóna agus mé i gcéin

Thóg sé mo chroí
an tsúil sholais úd
a chaoch orm go ceanúil
i gcathair na gcoimhthíoch

Tá an t-amharc sin taiscithe
i gcuideachta an chinn eile—
an chéaduair a las do shúilse
romham le grá ceana agus gile.

DAISY

That little daisy in a back of beyond street
beamed at me cheerfully
from a tiny crack in the pavement
as I went by.

The only spot on a mile of road,
I felt restored
by his afternoon-glow,
so far from home.

That eye of light winked at me
and my heart soared
at our conspiracy
abroad.

I've stored that vision
along with just one other –
the first time your eyes shone
at me, with the light of a lover.

SÚ TALÚN

"Tá sú an tsamhraidh
ag borrdh i ngach beo,"
a dúirt sé go haiféalach
agus muid ag féachaint amach
trí fhuinneog an tseomra suí
ar theaghlaigh óga na sráide
ag súgradh ar an fhaiche.

"Ach ó d'imigh Bríd is na páistí
tarraingíodh mo chuid rútaí
glan amach as an talamh,"
is ní raibh ann ní ba mhó
ach cnámharlach folamh
ag críonadh is ag seargadh
ar charn fuílligh na beatha.

Thiontaigh sé chugam
lí an bháis ina dhreach
is ó chaileandar beag dialainne
a bhí caite ar bhord agam
stróic sé na leathnaigh, mí ar mhí,
á rá nach raibh i ndán dó feasta
ach dorchadas agus díomua.

Ar a imeacht uaim, seachas slán
a fhágáil agam, phioc sé cnapán
beag dearg as mias na dtorthaí
agus bhronn orm é go tostach –
sú talún a bhí ann, lán
de shúmhaireacht dhearg an tsamhraidh –
an oíche sin théacht a chroí.

Nuair a fheicim sú talún anois
ní meas méith a shamhlaím leis

THE RED HEART

"Summer is stirring
in every living thing,"
he said pitifully
as we looked out
the sitting-room window
at young families playing
on the local green.

"From Bríd and the kids
my roots have been torn
right out of the ground."
Now he was failing
away to nothing,
a burnt-out shell
on the ashes of life.

He turned, to me,
the colour of death
and tore month
after month
from the personal organiser
I had lying on the table
and flung them into the fire.

He didn't say goodbye
but picked a red heart
out of the fruit-bowl
and gave it to me.
It was a strawberry
with summer in its blood.
That night his heart dried up.

A year to the day
your heart burst, Muiris,

Cnapán créachta fola
a thaibhsíonn chugam, a Mhuiris,
bliain tar éis imeacht na himeachta –
croí téachta, croí téachta.

it turns my stomach
just to look at
the warm blood
from the red heart
of a strawberry.

ACHAR AN DÁ LÁ DHÉAG

Na seanchapáin bhriste
atá caite sa truflais
i gclós na hardeaglaise

is iad créachta ag giúrainn
cruinníonn siad anois
boinn airgid an tsneachta.

THE EPIPHANY

Clapped-out collection boxes,
dumped
by the cathedral,

feed hungry woodworm.
Now they're collecting
pennies of snow.

IS GLAS NA CNOIC

Do William Desmond

Mar bhláth fosclaíonn an ghrian amach
os cionn na cathrach —
Tiúilip teicnidhaite an tSamhraidh —
Agus cé gur minic a chaill mé mo mhuinín
agus m'aisling anseo i mbéal na séibe
agus cé go mbím goiríneach
ó am go ham le *acne* na haigne
inniu aoibhním agus tig luisne
na mochmhaidine amach ar mo dhreach.

Anois piocaim suas Mín a' Leá agus Mayfair
ar an mhinicíocht
mhire mhíorúilteach amháin i m'aigne
sa *bhuzz* seo a mhothaím i mBerkley Square;
agus mé ag teacht orm féin le dearfacht
nár mhothaigh mé go dtí seo
mo *vibe* féin, mo rithim féin,
rithim bheo na beatha ag borradh agus ag *buzz*áil
i bhféitheacha mo bhriathra.

Mar thréad caorach á gcur chun an tsléibhe
tá'n trácht ag méileach
go míshuaimhneach ar na bóithre seo
ó Phark Lane go Piccadilly
agus sna ceithre hairde
tá na hoifigí... séibhte glasliatha na cathrach
á ngrianú agus á n-aoibhniú féin
faoi sholas na Bealtaine:
Don chéad uair braithim sa bhaile i gcéin.

THE GRASS IS ALWAYS GREENER

For William Desmond

The sun opens up like a flower
over the city –
a summer tulip in technicolour –
and although I've often lost my faith
and dreams here unexpectedly,
and at times my mind turns
pimply with acne, today
I'm beginning to warm
to the early morning facing me.

Now I'm receiving Mín a' Leá and Mayfair
on the same mad miraculous
mind-bending frequency
of this buzz in Berkley Square;
more sure of myself
than I've ever felt before,
I'm tuning in to my own vibe and rhythm,
the strong back-beat of life
be-bopping down the arteries
of my words.

From Park Lane to Piccadilly
the traffic bleats
timorously on the roads
like sheep threading over a mountain
while all around,
the office-blocks (grey city-mountains)
sun and sport themselves
on this May bank holiday:
for the first time, I feel at home abroad.

ATTIC

Chan fhuil oiread agus pána amháin gloine
gan trácht ar fhuinneoigín dín, a chroí,
ar an pholl mhífholláin seo faoi na creataí
a ligfeadh do sholas ó na réaltóga
sileadh anuas ar ár leabaidh,
ach is cuma sa riach is an borradh úd
ag oibriú ionam. Bruth na cruthaitheachta.
Druidfidh mé mo shúile go docht
is i bhfairsingeacht éagruthach na samhlaíochta
mar a bhfuil mianach na hoíche is na mistéire
cruthóidh mé m'fhirmimint féin anocht
i bhfilíocht. Is beidh spréach agus scóipiúlacht na spéire
le feiceáil ansin agat ar do thoil
fríd fhuinneoigín dín gach focail.

ATTIC

There isn't even a window,
never mind a skylight,
here under the roof-jambs,
to let any starlight
down onto our bed,
but I couldn't give a toss
with this buzz I've got.
'The creative urge'.
I'll shut my eyes
and in boundless imagination
between mystery and desire,
I'll build my own world
in poetry. There, if you liked,
you'd see the firmament
through a skylight of words.

*Journeys bring power and love
back to you, if you can't go somewhere
move in the passageways of the Self.*
— Rumi

*I don't tell the truth, I tell
what ought to be truth.*
— Tennessee Williams

DO JACK KEROUAC

Do Shéamas de Bláca

> "*The only people for me are the mad ones,
> the ones who are mad to live, mad to talk,
> mad to be saved, desirous of everything at
> the same time, the ones who never yawn or
> say a commonplace thing but burn,
> burn like fabulous yellow roman candles.*"
>
> Sliocht as On the Road

Ag sioscadh trí do shaothar anocht tháinig leoithne na
  cuimhne chugam ó gach leathanach.
Athmhúsclaíodh m'óige is mhothaigh mé ag éirí ionam an *beat*
  brionglóideach a bhí ag déanamh aithrise ort i dtús na seachtóidí.
1973. Bhí mé *hook*áilte ort. Lá i ndiaidh lae fuair mé *shot* inspioráide
  ó do shaothar a ghealaigh m'aigne is a shín mo shamhlaíocht.
Ní Mín 'a Leá ná Fána Bhuí a bhí á fheiceáil agam an t-am adaí ach
  machairí Nebraska agus táilte féaraigh Iowa.
Agus nuair a thagadh na *bliú*anna orm ní bealach na Bealtaine a bhí
  romham amach ach mórbhealach de chuid Mheiriceá.
"Hey man you gotta stay high," a déarfainn le mo chara agus muid ag
  *freak*áil trí Chailifornia Chill Ulta isteach go Frisco an Fhál
  Charraigh.

Tá do leabhar ina luí druidte ar m'ucht ach faoi chraiceann an
  chlúdaigh tá do chroí ag preabadaigh i bhféitheog gach focail.
Oh man mothaím arís, na *higheanna* adaí ar Himiléithe na hóige:
Ó chósta go cósta thriall muid le chéile, saonta, spleodrach, místiúrtha;
Oilithreacht ordóige ó Nua-Eabhrac go Frisco agus as sin go Cathair
  Mheicsiceo;
Beat buile inár mbeatha. Spreagtha. Ag bladhmadh síos bóithre i
  gCadillacs ghasta ag sciorradh thar íor na céille ar eiteoga na
  mbennies.
Thrasnaigh muid teorainneacha agus thrasnaigh muid taibhrithe.

LET'S HIT THE ROAD, JACK

For Séamas de Bláca

Short-cutting through your trail tonight,
memory revved at every stage;
youth harleyed and sent me again
on the dreambeat pulse of the early 70s.
Yeah, nineteen seventy-three!
Hooked, lined and sinkered on the shots
you gave me like gas to blow my mind,
I saw home turn plainly to Nebraska,
Fána Bhuí to the green grass of Iowa;
and, when the blues came belting down,
Bealtaine Road was an open freeway;
Hey man you gotta stay high we'd say,
Californicating Cill Ulta, Friscying Falcarragh.

Your book close-tight to my chest,
heartens me, each word the loosed garment
of a lover. Oh man, I still feel the high
Himalayas of youth as we coasted the coasts,
zigging and zagging together, innocents
abroad, desperate to be one of the boisterous,
thumbing from the Apple to San-Fran and on
to the sex of the Mex, a path unbeaten.
Hot-wired, Cadillexcelerating down roads,
skidding out of our brains on bennies,
borders passed like dreams as we tuned
in and turned on to life's freeway,
binging and buddying from Brooklyn to Berkeley
on booze, bop and Buddha, the Wisdom
of the East, news from the nebulae; then way
down in Bixby canyon, our dreambats
high on Mexticism, we made
an Orpheus of every orifice. Jack,

Cheiliúraigh muid gach casadh ar bhealach ár mbeatha, *binge*anna agus
bráithreachas ó Bhrooklyn go Berkeley, *booze, bop* agus Búdachas; Éigse
    na hÁise; sreangscéalta as an tsíoraíocht ar na Sierras; marijuana agus
    misteachas i Meicsiceo; brionglóidí buile i mBixby Canyon.

Rinne muid Oirféas as gach *orifice.*

Ó is cuimhneach liom é go léir, a Jack, an chaint is an cuartú.
Ba tusa bard beoshúileach na mbóithre, ar thóir na foirfeachta, ar thóir
    na bhFlaitheas.
Is cé nach bhfuil aon aicearra chuig na Déithe, a deirtear, d'éirigh
    leatsa slí a aimsiú in amantaí nuair a d'fheistigh tú úim adhainte ar
    Niagara d'aigne le *dope* is le diagacht.
Is i mBomaite sin na Buile gineadh solas a thug spléachadh duit ar an
    tSíoraíocht,
Is a threoraigh 'na bhaile tú, tá súil agam, lá do bháis chuig Whitman,
    Proust agus Rimbaud.

Tá mo bhealach féin romham amach... " *a road that ah zigzags all over
creation. Yeah man! Ain't nowhere else it can go. Right!"*
Agus lá inteacht ar bhealach na seanaoise is na scoilteacha
Nó lá níos cóngaraí do bhaile, b'fhéidir,
Scroichfidh mé Croisbhealach na Cinniúna is beidh an Bás romham
    ansin,
Treoraí tíriúil le mé a thabhairt thar teorainn,
Is ansin, *goddammit* a Jack, beidh muid beirt ag síobshiúl sa tSíoraíocht.

I remember every speel of the hunt
as you wide-eyed the roads for perfection,
for heaven. And though they say there's no
speedway to the Gods, you made in-roads,
sometimes transfixing your Niagara mind,
scaling the chord between pot and prayer.
Then the lightning struck, and you
glimpsed Eternity enough, I hope,
to join Whitman, Proust and Rimbaud.

My long and winding road
leads, like yours, all over creation.
Yeah man! Ain't nowhere else it can go
Right, and when I'm lumbagoed on the last
leg (sooner than I think, maybe),
I'll check out Death down at the crossroads,
have him smuggle me over the border.
Then, goddammit Jack, we'll both
hitchhike in Heaven, if there's roads, and angels.

JOHNNY APPLESEED

Do Nuala Ní Dhomhnaill

Ní bhíodh ina chuid brístí agus ina léinidh
ach cóir éadaigh a d'fhóir do gach ré;
agus an sáspan caipíneach a shuíodh chomh teann
le bréidín táilliúra ar a chloigeann
is ann a d'ullmhaigh se a chuid bídh
gach maidin nóin agus deireadh lae
agus é ar shiúlta síoladóireachta, ar bhonnaí
a bhí chomh cruaidh cranraithe le rútaí,
i gcoillte cúil ó Ohio go Kentucky;
agus achan áit a ndeachaigh sé, bhláthaigh
na crainn úll ina dhiaidh chomh craobhach,
lasánta leis na "frontier girls" a chonaic sé.

Ní raibh sé riamh i dtreis le Dia ná le duine
is cé gur choinnigh sé leis féin ó bhliain go bliain
bhí a bheatha á hordú aige mar shíl sé a bheith cóir;
is ní dhearna Indiach nó Settler nó ainmhí fiáin
díobháil nó dochar dó i gcríocha a bhí gan dlí.
Thug sé ceart agus cothrom do gach ní
de dhúile Dé ar fud na díthreibhe;
is ní chuirfeadh sé as dó beag nó mór
taobh an fhoscaidh de sheanchrann
nó uachais raithní cois abhann
a roinnt ar oíche thrombháistí
le racún le béar nó le nathair nimhe.

Dúirt seanbhean roicneach ó Richland County
go bhfanadh sé corroíche i dtigh a tuismitheoirí
nuair nach raibh inti féin ach slip bheag girsí;
ach ba é an chuimhne ba bhuaine a bhí aici air
nár labhair sé faoi mhná ach aon uair amháin:
oíche gheimhridh agus iad socair cois teallaigh

JOHNNY APPLESEED

For Nuala Ní Dhomhnaill

His trousers and shirts were
all-purpose, seasoned wear
and his kettle-lid of a hat
sat tailor-tight on his head.
He wore it day-in day-out
at home or working the ground
on his hard knotted feet
like stumps you sometimes see
between Ohio and Kentucky.
Anywhere he went was lucky:
the apple-trees would bloom
red and rosy as them
up-front girls. No bother
ever with God or another,
he kept himself to himself
and lived an ordered life
after his own fashion,
unharmed by Settler, Indian
or wild beast of the frontier.
Always fair and square,
he did good by all who breathed
in the outlaw territories
and if need be, he gladly took
shelter with a rattle-snake
raccoon or grizzly bear
under a nearby tree or fern
on a rainy night. A woman
born years ago in Richland
said sometimes he stayed over
her house. A slip of a girl
back then, she recalls the one
and only time a woman

ag caint ar chúrsaí cleamhnais an cheantair,
d'fhuaraigh a ghnúis is tháinig siocán ina shúile,
"some are deceivers", a dúirt sé lena hathair
agus é ag amharc isteach i gcroílár na mbladhairí,
is mhothaigh sí an phian a chiap is a chráigh é
is a chneáigh í féin gach uair a chuimhnigh sí air.

Ach in ainneoin chianfhulaingt sin na péine
níor lig sé dá léas dóchais a dhul as.
Sin cinneadh; An spréach atá ionat a mhúchadh
nó í a spreagadh chun solais is déine.
Chinn sé a chroí a chur i gcrainn úll anois
is iad a shíolú is a scaipeadh in ainm an dóchais
a d'adhain istigh ann go fuarintinneach.
Sna coillte atá fágtha go fóill, fann agus gann
in Kentucky in Ohio agus in Illnois
tá a shamhail le feiceáil i gcónaí san Earrach –
laomlasracha geala na gcrann
agus leid bheag den tsiocán ina ndreach.

was mentioned. It was winter,
and sitting round the fire,
they spoke of wedding-matches.
Suddenly, there were ice patches
on his face and eyes. Some,
he said, are deceivers. The young'un
heard the coal hiss
in the hearth, she remembers.

Despite that long pain,
he never let despair darken
his door. Fate can either
stir the embers or smother
the flame. He put his heart
into apple-trees after that,
laying seed-bed after seed-bed
of hope that sprung in hundreds.
In the orchards that remain,
now few and far between,
you still can trace him
come Spring: fire-red blossoms,

and only a hint of frost.

DO NARAYAN SHRESTHA

(fear iompair a fuair bás in aois a scór bliain; Samhain 1996, Nepal)

Imíonn na daoine
ach fanann na cnoic

Ó do bhaile beag sléibhe
i Solukhumbu
tháinig tú linne – Éireannaigh
ar thuras chun an fhásaigh –
le pingneacha a shaothrú
mar fhear iompair ualaigh
agus mar ghiolla cistine.

Is beag a shíl tú
agus muid ag fágáil Kathmandu –
aoibh an áthais
ar d'aghaidh óg álainn –
gur anseo i mbéal an uaignis
i bhfiántas sneachta
a bheadh fód do bháis.

Fágadh tú fuar fann folamh
ar laftán sneachta –
bláth bán an bháis ag liathadh
lí is dealramh d'áilleachta –
tusa a bhí i gcónaí lán de chroí
is a raibh gríos na gréine mar lí
an óir ag lasadh do ghnúise.

Anocht táthar ag faire do choirp
ar láthair seo an léin
chan ar mhaithe le d'anam
a Narayan bhoicht, a dheartháirín mo chléibhe,
ach ar eagla go ndéanfadh
na hainmhithe allta

FOR NARAYAN SHRESTHA

(a sherpa, died aged 20, November 1996, Nepal)

From your small mountain village
in Solukhumbu,
you came with us Irish
on a journey to the wilderness —
to make a few bob
as a baggage-carrier
and kitchen hand.

You would hardly have thought
as we left Kathmandu —
a happy smile
on your lovely young face —
that here in the mouth of loneliness,
these snowy wilds
would become your death-place.

You were left cold and emptied
on a bank of snow,
the white flower of death
peeling the colour from your complexion —
you who were always big-hearted
and had the sun's heat
gilding your warm cheeks.

Tonight, they are waking your body
in this sorrowful place,
not for the good of your soul,
poor Narayan, my brother,
but in case the wild animals
shred your bones
all over the mountain.

do chnámha a stróiceadh óna chéile
ar fud an tsléibhe.

Beidh cuimhne agam go brách
ar ghaethe gréine do gháire
ag éirí go lách
as na duibheagáin dúdhonna
i do shúile
agus tú ag tabhairt tae chugam
le teacht an lae.

Anois tá duibheagán dubh an bháis
ag drannadh idir mé agus tú –
mise ar bhruach an tsaoil
tusa ar bhruach na síoraíochta
agus gan bealach lena thrasnú
ach ar chlochán sliopach na bhfocal
ach na focla féin, faraor, anocht
táthar á mbriseadh i mo bhéal le tocht.

Dhéanfar do chorp a dhó is a dhúloscadh
amuigh anseo ar thaobh an tsléibhe
i dtalamh deoranta
i bhfad ó do ghaolta
agus ó phaidir a gcaointe.
Níl ar a gcumas
de bharr bochtanais is anáis, tú
a thabhairt 'na bhaile go Solukhumbu.

Dálta do bhunadh agus a mbunadh siúd
bhí seanchleachtadh agatsa
ó bhí tú baoideach óg
ar ualach a iompair –
ualach na bochtaineachta
ualach na hainnise
ualach na hiompartha –

I will always remember
the sun-rays of your laughter
rising generously
from the dark brown depths
of your eyes
as you brought me tea
each day.

Now the black abyss of death
opens its maw between us:
me on the side of life,
you - of eternity,
and no way to cross over
but the dodgy stepping-stones
of words; though tonight
they crumble on my tongue.

Your body will be cremated
here on the mountainside,
in foreign territory
far from your people,
their laments and prayers.
They're just not able,
in their want and poverty,
to bring you home to Solukhumbu.

You, like them,
were well used to carrying
uphill burdens
from you were no age:
the burden of poverty,
the burden of distress,
the burden of carrying.
At least, dear Narayan,
you won't have to bear
the burden of soil.

ar a laghad, a Narayan dhil,
ní bheidh tú ag iompar
ualach na bhfód.

2

Déanann Shiva an scriosadóir
luaith de gach ní gan trua
le cead a thabhairt don Chruthú
toiseacht aríst as an nua.
Dhéanfar tú a ioncholnú
a dúirt tú i gcinniúint eile
ach ní fios domh do chruth
nó do chló i do bheoriocht úr,
cé acu a' bpillfidh tú
chugainn mar luibh nó mar leanbh.

Is spéis liom dá bhrí sin
a Narayan, a chara na n-árann,
éisteacht go mion agus go cruinn
le scéalta reatha na gcrann –
le caidé atá na cuiteogaí
a rá leis na clocha . . .

Inniu tchím an talamh is an tsíoraíocht
ag teacht le chéile
ar bharr an tsléibhe
i mbarróg dhearg seo na maidine.
Tá gach tráithnín féir ag cantaireacht
is ag éirí mar thúis
i láthair an tSolais.
Inniu tá do chuid luaithe
a Narayan, a chroí,
ag canadh i mbéal na gaoithe ...

2

With no pity, Shiva the Destroyer
makes ashes of everything
to let Creation
start all over again.
You will be reincarnated,
you said, in another fate
but I do not know the shape
or pattern of your new existence,
whether you'll return to us
as a plant or child.

Consequently, Narayan,
my wise friend, I listen
closely and carefully
to the tree-talk
and to what the worms
are saying to the stones.

Now I see land and eternity
coming together, there
at the mountain-top
in a warm morning embrace.
Every leaf of grass is singing
out like incense
towards the Light.
Today, dear Narayan,
your ashes are blowing
in the wind.

KATHMANDU

Do Dermot Somers

> *Kathmandu is here to change you*
> *not for you to change it*

Ó a Khathmandu, a strainséir dhuibh, a Sadhu fhiáin an tsléibhe,
bhuail mé leat aréir i mbeár buile na hoíche
    anois siúlann tú isteach i mo dhán
suíonn tú síos ag béile bocht seo an bhriathair
    le do chlapsholas cnocach
    a thiteann mar chleite;
le do chuid adharcanna rabhaidh a chuireann m'aigne ag motoráil
    i rickshaw na samhlaíochta;
le do chuid *rucksack*annaí atá ag cur thar maoil le haislingí;
    le do chuid siopaí a bhfuil súil na sainte acu
    ar mo sparán;
le do chuid madadh a choinníonn an oíche go síoraí ag tafann;
    le do chuid brionglóidí a bhíonn ag eitilt mar fháinleoga
    i spéarthaí do shúl;
le do chuid buachaillí áille a bhfuil an ghrian ag gealadh ina ngáire
    is a shiúlann gualainn ar ghualainn
    i mbarróg an cheana;
le dímhaointeas gnóitheach do chuid sráideacha;
    le do chuid mangairí béal líofa
    a labhrann liom i gcogar rúin;
le pianta breithe do chuid maidineacha maighdeanúla;
    le do chuid osnaí
    a ardaíonn tú mar shliabh;
le do gháire a fhosclaíonn romham mar ghleann;
    le do bhó a dhoirt bainne caoin a súl
    isteach i gcruiscín mo chroí
    ar maidin;
le do chuid tráchta atá piachánach le aicíd na scamhóg;
    le do stuaim sobráilte

KATHMANDU

For Dermot Somers

> *Kathmandu is here to change you*
> *not for you to change it*

   O Kathmandu   dark stranger   wild Sadhu of the mountain
I met you last night in a rowdy nightclub
   now you stroll into my poem
you sit down at this poor altar of the word
   with your mountain dusk
    that falls like a feather
with your alarm-horns that send my mind
   racing in a rickshaw of imagination
with your rucksacks that are bursting with dreams
   with your shops greedily eyeing
   my purse
with your dogs that keep your nights up   barking endlessly
   with your dreams that fly like swallows
   in the skies of your eyes
with your lovely boys' sunny laughter as they walk
   arm in arm
   together
with the busy lethargy of your streets
   with your fluent smiles
   that whisper secrets to me
with the birth-pangs of your virginal maidens
   with the sighs
   you raise like a mountain
with your laughter that opens to me like a glen
   with your cow pouring the pure milk of its gaze
   into my saucepan eyes
   this morning
with your traffic coughing up its smoky lungs
   with the solemnity
   and hilarity of your bargaining

is le meisce magaidh do chuid margaíochta;
le cumhracht spiosraí do shamhlaíochta;
le dathanna niamhracha
do dhorchadais;
le do chuid Hippies a bhfuil a gcuid bláthanna seargtha i bhFreak Street;
le do chuid *trek*anna mistéireacha
a fhógraíonn tú go glórmhar i
Thamel mo dhóchais;
le do Stupa súilaibí i Swayambhu a dhearcann orm idir an dá shúil
le soineantacht súil leata an linbh;
le do fhreastalaí óg sa Phumpernical a leagann pancóg órshúlach
na gréine ar mo phlata am bricfeasta;
le do chuid sráideacha de Saris lasánta ag luascadh mar lilíocha
i mbog-ghaoth na tráchtála;
le do chuid sráideacha ar ar shiúil Bhúpi Sherchan
agus é ag iarraidh focla a chur
le fonn fiáin do mhianta;
le dúch do chuid dorchadais a thugann tú domh sa dóigh go dtig liom
scríobh faoin oíche
atá ag múchadh m'anama;
le cuislí uisce do cholainne – an Bishnumati agus an Bagmati
atá ramhar le salachar an tséarachais
is a thugann taomanna lagbhrí duit i dteas an mheán lae
agus brionglóidí buile
i marbhthráth na hoíche;
le líofacht do chuid siopaí leabhar a fhágann mé balbh;
le do chuid cicadas a chuireann tú a cheol
i ngéaga traochta mo cholainne
nuair a théim a chodladh;
le do chuid buachaillí bána a bhfuil dath na gaoithe is na gealaí
i lí seirce a ngnúiseanna
agus a bhfuil a bhfoltanna ar dhath na bhfraochóg is duibhe ar an tsliabh;
le do bhuachaillín aerach sa Tantric Bookshop
a chuimil mé go muirneach, modhúil, monabhrach
le leoithne glas a shúl;
le do chuid teampaill a fhosclaíonn romham mar bhláthanna
an rhododendron;

with the spicy aroma of your imagination
   with the dazzling colours
   of your dark
with your Hippies whose withered flowers lie in Freak Street
   with your mystical treks
   loudly proclaimed
   in hopeful Thamel
with your wide-eyed Stupa in Swayambhu who looks
   right at me with a child's innocence
with your young waiter in the Pumpernical who lays the sun's
   syrupy pancake on my plate at breakfast
with your streets of bright Sari's swaying like lilies
   in a breeze of business
with your streets where Bhúpi Sherchen walked
   in desire for words
   for desire
with the inky dark you give me so I can write
   about the night
   smothering my soul
with the water-jets of your skin - the Bishnumati and the Bagmati -
   swollen with dirt and sewers
and which give you weak turns in the midday heat
   and wild dreams
   in the dead of night
with the riches of your bookshops that dumbfound me
   with the cicadas you have singing
   in my weary limbs
   when I sleep
with your beautiful boys whose lovely cheeks
   are wind-and-moon coloured
their hair the colour of your mountain's darkest berries
   with your bright boys in the Tantric Bookshop
   who petted me gently and modestly
   with the green breeze of their eyes
with your temples that open up to me like rhododendrons

Ó a Khathmandu, a strainséir dhuibh, a Sadhu fhiáin an tsléibhe,
    tusa a luascann idir an Yak is an Yeti
    mar a luascaimse idir Yin agus Yang –
tóg chugat mé idir corp agus cleití,
    feistigh mé le clocha luachmhara
    do chuid ceoil;
lig do phoinsiattas an phaisiúin deargadh i mbáine mo leicinn;
    ardaigh mé chuig sléibhte do smaointe
atá cuachta ansiúd i gceann a chéile mar thréad caorach tráthnóna
    ag cogaint na cíorach go meabhrach;
tusa a bhfuil cleachtadh agat ar chaill,
    cuir mé faoi bhrí na nguí:
ná fág anseo mé chomh truacánta le litir ghrá a caitheadh i leataobh
    ar chosán na sráide ...

O Kathmandu   dark stranger   wild Sadhu of the mountain
    you who sway between Yak and Yeti
    as I do between Yin and Yang
take me   body and bones
    dress me in the precious stones
    of your music
let your passionate poinsiattas redden my cheeks
    lift me up to the mountains of your thoughts
that are gathered together like a herd of sheep one afternoon
    thoughtfully chewing things over
you who are accustomed to loss
    pour blessings on me
don't leave me here like a love-letter dumped at the side of the road.

An open space to move in with the whole body, the whole mind.
                                    – Gary Snyder

It's a question of seeing so much clearer,
of doing to things what the light does to them.
                                    – Guillevic

CATHAOIR UILLINNE

Tá an chathaoir
i gcónaí
ar a cosa

Socair, sochmaidh,
socheansaithe

Ina seasamh linn
de shíor
gan sárú,

Ar a dícheall
ag tabhairt
sásaimh,

Amanta
ba mhaith léithe
suí síos,
a scíste
a dhéanamh,
na cosa a chrupadh
fúithi,
osna faoisimh a ligean
as adhmad cruaidh
a cnámh,
a huilleannacha
a thrasnú ar a chéile;
éisteacht le ceol na Coille
ina cuimhne;
meabhrú ar an Dia-Chrann
as ar foinsíodh í.

ARMCHAIR

The chair,
always
on her feet,

cool, calm
and collected,

perpetually stands
to our attention,
unperturbed,

doing her best
to bring us
satisfaction.

Sometimes,
she would like
to sit down,
take a break
and put her feet up,
yawn and stretch
her stiff wooden bones,
cross her arms
and listen to the woodwind
of her memory,
reflecting on the tree-god
she sprang from

Now, with the cat
licking at her legs,
she feels
the whiskey
of the woods
pouring through her veins,

Anois agus an cat
ag lí na gcos aici
mothaíonn sí
sú na Coille
ag sní aríst ina cuislí;
an ghaoth
ag slíocadh a géag-
Ar crith,
is beag nach bpreabann sí as a seasamh
le pléisiúr.

Ach mar is dual
do shearbhónta maith
coinneoidh sí smacht
ar gach mian;
iompróidh sí ar aghaidh
go righin, géilliúil,
stuama, seasta,
srianta

Nó go dtite sí
as a seasamh
lá inteacht
an créatúr bocht-

an créatúr bocht adhmaideach.

the wind
tickling her limbs.
Trembling,
she all but leaps
for joy

but,
like any good servant,
she keeps
her eyes and feet
firmly on the ground,
her carriage
steady and obedient,
eager and restrained,

until she falls
apart
one day,
the poor creature

and her wooden heart breaks.

AN GARRAÍODÓIR

Ag garraíodóireacht
a bhí sé
inné.

ag giollaíocht
an chrainn bhig
i ngarradh na Bé.

Chuir sé leas
le préamhacha
na feasa

agus taca
le stoc
na samhlaíochta.

Ghearr sé siar
an fás
fiáin foclach.

Réitigh sé
brainsí
na híomhaíochta.

Bhí sé faichilleach
le bachlóga
débhríocha.

Féach anois é
i bhfeighil
an fháschrainn,

ag feitheamh
is ag faire,
ag baint

THE ODD-JOB MAN

He was gardening away
there yesterday,

tending off-shoots
in the garden of his Muse.

He straightened out
the tangled roots

and listing stump
of his imagination,

then crossed swords
with the weeds. Afterwards,

he unravelled branches
of images

and dug, cautious
round ambiguous buds.

Now look
as he works by the book,

watches and waits
for the holy spirit

deireadh dúile
de Éan beag
na Bé.

a bhainfeadh
ceol as a
chrann.

of his Muse
to wring Music

from his orchard
that would charm the birds.

CEIST! CÉ A THARRTHÁLFADH DÁN?

I ndúlaíocht na hoíche saolaím an ghin
A toirchíodh i m'intinn

Is fágaim é cuachta ar Níl na cinniúna –
Maois bheag an cheana.

QUESTION! WHO'D FOSTER A POEM?

In the dead of night, I bring to birth
my brain-child.

I leave her at the doorstep of Fate –
a love-child.

COR NA gCARACHTAIRÍ

"Who are you, please? What do you want?"
As a matter of fact . . . we have come
here in search of an author
— From Six Characters In Search Of An Author
Luigi Pirandello

Shíolaigh tú smaointe sa dorchadas
agus bhí an dorchadas torrach.
Shíolaigh tú smaointe sa dorchadas
is gineadh muidinne, do theaglach.
Asatsa a dhéanfar muid a shaolú
do spioradsa a bheas ár mbeathú
do bhriatharsa a bheas ár dtreorú
do ghuthsa an bainne cíche
a chuireas brí ionainn, a dhéanfas muid a chothú.

Mar a thagann baisteach as na spéarthaí
is nach bpilleann ar ais
gan an talamh a fhliuchadh
gan fás a spreagadh;
gur amhlaidh do na briathra é
a thiocfas uaitse;
nach bpillfidh siad ort aríst
gan toradh a fhágáil ina ndiaidh.

Óir is tusa anois an Cruthaitheoir
ná déan orainn éagóir.
Dealbhaigh sinn i gcruth is i gcló,
breathnaigh orainn go beo.

As an dorchadas a thig muid
Dorchadas na Cruthaíochta
Dorchadas na Síoraíochta.
As broinn ollmhór na Samhlaíochta

A CHORUS OF CHARACTERS

"Who are you, please? What do you want?"
As a matter of fact . . . we have come
here in search of an author
– From Six Characters In Search Of An Author
Luigi Pirandello

You thought us to life from dark
And the dark was fertile
You thought us to life from dark
And we, your family, were conceived
Of you we will be born
Your spirit will infuse us
Your words will direct us
Your words will be the breast-milk
That will nourish and enliven us

As rain comes from the sky
And does not return
Without wetting the ground
Without encouraging growth
So it is for the words
That come from you
And will not return
Without bearing fruit

For you are the Creator
Have mercy on us
Shape us an image
Look down on us always

From darkness we come
The darkness of Creation
The Eternal dark

tá muid ag sleamhnú chugat,
tabhair saol dúinn.
As broinn ollmhór na Samhlaíochta
tá muid ag briatharú chugat,
tabhair teangaidh dúinn.

Is muidinne na carachtairí
le do dhráma a shaolú
le do fhís a fhíorú.
Is tusa an Draíodóir! Is tusa an Fuascailteoir!
Ghlaoigh tú orainn agus d'fhreagair muid do ghlóir.
Tusa atá freagrach as ár mbearta
as ár mianta, as ár bpianta.
Muidinne do chuid carachtairí!
Stiúraigh muid! Saolaigh muid!

Is tusa ár gCruthaitheoir
ná déan orainn éagóir.
Is muidinne do theaghlach
ag fanaíocht san fhásach.
Is tusa ár nAthair
is tigimid i do láthair . . .

From the vast womb of the Imagination
We are easing towards you
Give us life
From the vast womb of the Imagination
We word our way to you
Give us speech

We are characters
To people your play
To see your vision through
You are the Shaman! You are the liberator!
You called and we answered
You control our acts
Our wants and hurts
We are your characters
Direct us! Bring us to life!

You are our Producer
Have mercy on us
We are your children
Wandering in the desert
You are our Father
To you do we come ...

SCRÍBHINNÍ

Clagarnach an chloig
    anuas ar mo leabaidh –
Piocóid atá ag smiotadh
    mo shaolsa go tapaidh.

Na scríbhinní breacbhuí
    tréigthe sa tarraiceán –
Iad chomh fada ón Fhírinne
    is atá páipéar ó chrann.

Tafann an tsionnaigh
    ón choillidh uaithne
An iairiglif is dual
    ar charn mo chuimhne.

SCRIPTS

The clock clicking
        over my bed –
an ice-pick sticking
        my life to an end.

Manuscripts suff-
        ocating in a drawer –
as far from Truth
        as a tree from paper.

The verdurous woods
        show a howling fox –
that hieroglyph suits
        memory's sarcophagus.

HAIKÚ

Do Ghabriel Rosenstock

dálta spioradaí
déanaim toghairm a chur orm féin –
labhrann véarsaí

⚓

cailín ardnósach –
liathaíonn a súilghealaí
mo cheann catach

⚓

Party

biorán staonaitheora
mórfhoclach ar liopa a phóca –
mac an mheisceora

⚓

Maidin samhraidh –
freagraíonn an féir
glas smaragaide mo gheansaí

⚓

gealach na gcoinleach –
tá úll dearg san fhuinneog
is an dath ag síothlú as

HAIKU

For Gabriel Rosenstock

just like a mystic
i summon up my spirit –
and hear verse speaking

⚓

a stuck-up woman
puts years and grey hairs on me
with moon-striking eyes

⚓

Party

a Pioneer pin
tells a tale from the lapel
of the drinker's son

⚓

a summer morning –
the grass suits my green jumper
right down to the ground

⚓

there's a harvest moon –
a red apple on the sill
is sapped of colour

bealach portaigh

I bpollán sa bhóthar
comhairim an t-achar
idir dhá réaltóg

oíche bháistí

píosaí poircealláin
ag glioscarnaigh sna portaigh –
gealach i bpolláin

Ag gríosú
tarbh gréine –
tuáille dearg ar líne

I mo sheomra leapa

oíche fhada gheimhridh –
cumhaidh ar an chuileog fosta
léi féin sa leabaidh

geimhreadh

lá i ndiaidh lae
tchím an ghrian ag gabháil in ísle –
tá m'athair seachtó a sé.

bog-trail

here in a puddle
i can estimate the space
in between two stars

⚓

rainy night

bits of porcelaine
glistening across boglands –
the moon in puddles

⚓

out taunting the bull
of the sun – a red towel
on a washing-line

⚓

in my bedsit

a long winter night –
even the fly gets lonely
alone in its bed

⚓

winter

every single day
i see the sun declining –
my father is old

AN BÁS

(Splanc i siopa na bpeataí)

I gcás na gcnámh
chonaic mé éan creiche inné
i gclúmh glébhuí
é ag piocadradh i mo chroí.

Agus an béile ite –
is nach fios cén uair go cinnte –
imeoidh sé ar eite
in airde i dtreo na gréine,

ach ina ghob i bhfoirm cleite
beidh m'anam leis chun na firmiminte.

DEATH

(satori in the petshop)

Yesterday I saw a bird of prey
in my skeleton cupboard.
He was canary yellow
and pecking at my heart.

When he is done
(God knows when),
he'll take to his wings
and fly to the sun.

In his beak, light as a feather,
my soul will fly further and further.

GRÉASÁIN

1.

Chonaic mé gréasán damháin alla inné
gléasta ansiúd i gcíb an chaoráin
is an fiodóir ina líonta gaiste ag faire
go réidh i gcúngraíocht a dhomhain.

Óna sheacht sinsear deonaíodh dó mar uacht
gnáthúlacht meoin gréasánsaoil;
Ríomhann a chrúb mar sheismeagraf, cumhacht
gach corraí i dtír an bhaoil.

Is chonaic mé an fiodóir ag fiosrú a théada
ag tnúth le treasaíocht
tar éis domhsa a bpriocadh le fáilíocht méar
ach dósan níorbh eol méardholbacht;

Óir níor chorraigh ariamh ina dhúchas fuinte
ach cuileog, deor agus gaothbhaol;
is níor lorg ariamh an fiodóir ach fiodóirsmaointe
is níor samhlaíodh dó ach gréasánshaol.

Is níl sa tsaol taobh thall dona thaithí shinsearach
ach suaithníocht éigiallta;
Is chonacthas domh ag siúl thar bráid i mo scáth arrachtach
gur mar dhiamhaireacht shaolta,

A braitheadh mé i bhfíochánshaol an fhíodóra:
bhí mo mhéara diamhair dá réir
cionn is nár cothaíodh riamh ina mheon iompartha,
ina mheabhair, réamhcheap mo mhéar.

WEBS

1.

I saw a spider's web yesterday,
set up there in the sedgy grass;
the weaver watching indifferently
from the many confines of his universe.

He came from a long line
of weblife; which showed.
His spindly leg could've been
a seismograph when a quake is close.

I false-alarmed him, strumming
a cord for his Dolby's detection
and saw him retune his strings,
hungry for some action.

But this was stereo to his mono
of fly, droplet, the tearaway wind.
Spider-music was all he was in to,
and weblife the only one he had in mind.

Why turn down the theme of your fathers
for variations without any point?
It seemed to me lives were mysterious,
casting my bulky silhouette

on the weaver watching from his homespun.
Even my fingers were transformed as a result.
Until now, they'd never harboured the notion
of themselves as keys in their locked world.

2.

Smaointigh mé ar ball ar mhionchealla na fola
ag sníomhachán ionamsa mar dhamháin alla;
cealla mioneagna a mbeinnse i bpoll cille
d'uireasa a gcuid friothála,

D'ainneoin go rabhadar dall ar an duine iomlán
ach dálta ghréasán an fhíodóra
Do bhí mise acusan i mo ghréasán ceimiceach
As a dtuigfidís tuar gach anró.

3.

Is taibhsíodh domhsa ansin an iliomad domhan
An frídín, and bheach, an seangán;
beo ionaid éagsúla, gach aon de réir a mheoin,
teoranta ina ghréasán.

I ngréasán ag faire is áitreamh don duine,
gréasán righin a réasúin;
Is ní meabhair leis an sáitheadh rúnda gan choinne
i gcúngraíocht a phríosúin . . .

2.

I thought after of the little blood cells
spinning inside me like a spider;
the little-knowing cells I'd die without,

which don't see the whole picture but still
spin the chemical web that I am under.
The source of all ills. Only they don't know that.

3.

Then I got an image of the whole shebang:
the midge, the bee, the ant;
all ranks of life, following their heart,
sticking to the strong web of their reason,
never expecting a wrong foot
to break through the walls of their prison.

AN DUIBHEAGÁN

Maidin agus an solas ag síneadh isteach ón tsáile;
    amuigh ansiúd
tá an duibheagán ag drannadh le lucht snámha:
    iadsan atá sa tsiúl
ar bhóthar na trá, cé acu de choiscéim righin
    nó sínte chun reatha
baintear stad astu láithreach, baintear siar astu go léir
    nuair a thiontaíonn siad
coirnéal cheann na sráide. Rompu, faoi scáth na gcrann
    tá scaifte béalscaoilte
ag stánadh i dtreo na spéire ar an té atá ag brath léim
    a bháis is a bhasctha
a thabhairt ó spuaic ghrianghortha na hArdeaglaise.

Tá 'n duibheagán ag drannadh leis, an scaifte ar fad
    ag feitheamh leis.
Níl le déanamh aige ach an cinneadh, a sciatháin
    a leathnú, léim
a thabhairt, snámh sa ghaoth, imeacht i bhfeachtaí
    fiala an aeir
thar Alltar. Tá an lá caoin le cách, ceo teasa ag éirí
    ó dhíonta agus ó linnte,
borradh i ngach beo. Chan tráth báis é seo, mheasfá, ach
    a mhalairt, tráth fáis.
Stánann siad in airde, slua de choimhthígh agus de chairde,
    téad teann tuisceana
á dteannadh i bpáirtíocht na péine, á mbrú gan trócaire
    i mbuairt na díomuaine ...
Tá siad ar fad ina n-aonaráin, lom lag ina láthair féin:
    Ag stánadh airsean
ansiúd ar an airdeacht, tá siad ag stánadh ar an duibheagán
    atá thíos iontu féin;

THE DEEP

Morning light stretches in from the sea.
Out there, the deep tugs at the swimmers:
those walking the beach, fast or slow,
stopped in their tracks, bowled over
when they turn the corner to the street.
There, before them, under the trees,
a stunned crowd gawp into the sky
at a diver aiming to crash to death
from the seering Cathedral spire.

The deep tugs at him and the crowd
wait. All he has to do is let go,
stretch and dive into the home straits
of air carrying him to the other side.
To everyone, the weather is mild.
A haze rises from rooves and puddles.
Life swells. No time for death, you'd think,
but growth. The crowd look up, both friends
and strangers tensed in a communion-line
of pain, mercilessly crushed in the stampede
of passing life ... Together, and alone,
bare and weak in their own presence,
they stare at the elevated one, the deep within
tugging them defiantly from private hells,
tormenting them out of mind like vertigo.
Looking down from fate's tight-rope,
they glimpse their talk and poise, business
and brass necks for what they are - a last
ditch defence as the deep tugs at them.

An duibheagán atá ag drannadh leo aníos as na híochtair
    go diabhlaí dúshlánach
is a gcur as a meabhair. Tá mearbhlán ag teacht ar an iomlán,
    gafa i ngad a gcinniúna,
níl i gcaint, i ngeáitsí, i ngnoithe reatha, i mbrealsúnacht
    bhocht a mbeatha
ach scáth cosanta agus gleo. Tá 'n duibheagán ag drannadh leo.
Tá sé ag dul as a chiall. É bainte dá threo, i marbhántacht
    mheathbheo an mheán lae.
I dtobainne tá cinneadh déanta dó. Ní beo leis a bheo níos mó,
    léimeann sé i ndiaidh a chinn,
léimeann sé as a chabhail chráite. Tá sé ag sciathánaíocht
    san aer, ag snámhthitim
chun a bháite idir an saol agus an tsíoraíocht. Tá na soilse
    ag athrú ag ceann a bhealaigh,
tá trácht ag brostú chun tosaigh, tá an beart déanta,
    bomaite na buile thart.
Ligtear racht faoisimh. Tá scamaill cheatha ag cruinniú
    os cionn na mara.
Thig leo tiontú aríst ar a mbeatha, ar thír na mbeo.
    Beidh achan rud ceart.
Tiocfaidh siad slán ach fanacht ar shiúl ón duibheagán.

His senses go. Balance and direction
are lost in the heavy midday haze.
Suddenly, he is done for, his life lived
as he plunges head-first from his fractured
shell, sky-diving from this life to the next.
Lights change on the road and traffic hurries
by. It is done. The moment of impact
passing like a sigh of relief. Rain-clouds
gather over the sea. The crowd turn back
to their lives, the dry land of the living.
Everything's fine, and they'll be safe
as long as they stay out of the deep.

DRÉIMIRE

Aréir agus é 'na luí ar a leabaidh
chonacthas dó i dtaibhreamh
go raibh sé ag dreapadh
suas céimeanna crochta
na Síoraíochta chun na bhFlaitheas
ar thóir drithleog den tSolas –
aibhleog dhearg amháin
ó chraos tintrí na hEagna Síoraí
agus chonacthas dó go raibh aingle
ina mbuíonta lasánta mar choinnle
iad uilig ar dhealramh a chéile
deasaithe in éideadh bhán
ina seasamh ina éadan
go díbhirceach, díoltasach,
a choinneáil amach
ó theallach an tSolais;
chonacthas dó go raibh bruíon ann
agus bualadh, griosáil agus greadadh
sa chruth gur fágadh báite
ina chuid fola féin é sa deireadh
ag lí a chréachtaí
is ag géilleadh dá gCumhachtaí
agus é ag teitheadh lena bheo
scaoth sciathán á thionlacan
amharc amháin dá dtug sé ina dtreo
chonaic sé nach fuil a bhí ag sileadh leo
ach sobal soilseach, bán,
mar a bheadh an cúr a gheofá ar shruthán

Ar maidin agus é ag amharc amach
ar an gharradh chonaic sé dréimire
'na sheasamh le crann
agus ag sciathánaíocht os a chionn
dhá fhéileacán déag;

LADDER

Last night in bed,
he dreamt he climbed
up rungs to Eternity
for an inkling of Light,
what he remembers
as one red ember
from the infernal maw
of God, and saw
what looked like angels
fired-up as candles,
all the very spit
of each other, in white
ranged against him,
furiously dancing,
to keep him out
from the hearth of Light;
violence flared
to the degree where
he was near drowned
in his own blood,
licking his wounds,
falling within an ounce
of his life, a swarm
of wings after him;
his last glance -
their bloodless jaws
foaming with saliva
like the lips of waves.

He found, next morning,
a ladder in the garden,
planked against his ash,
twelve butterflies
flying overhead

Ar an talamh bhí deora dé
scaipithe sa drúcht.

and Tears of God (in English, fuchsias)
scattered on the grass.

AN LILÍ BHÁNDEARG

Bhí gach ní nite ina nádúr féin
— Seán Ó Ríordáin

Siúlaim thart ar an tábla go mífhoighneach. Seasaim bomaite beag
    os coinne na fuinneoige
ag stánadh ar na crainn ghiúise ansiúd i nGarradh an Chuilinn
    ag croitheadh a gcinn
is ag luascadh a ngéaga i ngaoth bogbhinn ó ghualainn an tSoipeacháin.
    Ólaim bolgam tae.
Cuirim caiséad ar siúl, coinséartó cláirnéide de chuid Mozart, ceol
    lán de lúth agus de láthar.
Scuabaim an t-urlár, ním na soithí, tugaim spléachadh go tapaidh
    fríd fhoclóir an Duinnínigh;
Caithim seanleathanaigh leathscríofa isteach i dtinidh na cisteanadh
    agus mé an t-am ar fad
Ag cuartú na cuimhne, ag ransú na haigne, ag tóraíocht sa tsamhlaíocht,
    ag lorg briathra béal-líofa,
Focla a bheadh beacht, braitheach, beannaithe, briathra   bithbheo
    a bhéarfadh brí agus beatha
do mo dhán, a dhéanfadh a shoiléiriú agus a thabhairt chun solais:
    tá an lilí mhór bhándearg
ansiúd sa tsoitheach chré, gan bogadh, ag breathnú go súilfhoscailte.

Caithim orm mo chóta. Deifrím amach go driopásach, casaim ar chlé
    ag Tobar na Coracha,
suas Bealach na Míne agus amach malaí crochta Loch an Ghainimh
    go fíoruachtar na Malacha,
ach níl suí ná suaimhneas le fáil agam ó bhuaireamh seo na bhfocal.
    Pillim aríst ar an bhaile.
Tá an lilí san áit a raibh sí, suaimhneach, socair, seasta, séimh,
    tiontaithe i mo threo,
a ceann bláfar piotalach ag breathnú orm go ceanúil,
    ag beannú domh go stuama.

THE PINK LILY

Everything was bathed in its own nature.
— Seán Ó Ríordáin

I'm walking round the table, all agitated.
Standing for a moment opposite the window.
Staring at the pine trees in the holly-garden
shaking their heads and swaying their arms
in the wind – a perfumed veil falling off
the shoulders of Soipeachán. I take a mouthful
of tea. Put on a cassette. A clarinet concerto
of Mozart's. Music full of joy and vigour.
I brush the floor. Do the dishes. Flick
through my Dinneen. Throw old half-written
pages into the fire and search the whole time
through memory, mind and imagination
for words flowing fast with feeling.
Holy and precise words to fuse my poem
with eternal worth. Words to bring it into
the light. The huge pink lily stares wide-
eyed from its clay vase. Motionless.

I put on my coat and hurry out. Turn
left at Tobar na Coracha. Head on up
Bealach na Míne out to the hanging slopes
of Loch an Ghainimh to the very top of Malacha
finding neither peace nor release from this word-
weariness. I head back home. The lily's where
she was. Stayed put and placid. Prim and petalled.
Pretty-facing me. Greeting me patiently
with loving looks. Never blinking or turning
away. Like the mesmerising eye of a loving giant.
The cage of light in the glinting eye of a bridge.

Stánann sí orm de shíor, gan an tsúil sin ariamh a chaochadh,
   gan amharc i leataobh;
súil ollmhór an cheana atá chomh tarraingteach, chomh lán de sholas
   le súil dhiamhair droichid.

An brú atá ormsa le mé féin a chur in iúl faoi scáth na bhfocal;
   níl aon ghá ag an lilí
lena leithéidí. Ní theastaíonn ealaín na bhfocal uaithi le í féin
   a nochtadh, a chur in aithne.
Is leor léithe a bheith mar atá sí, socair, suaimhneach, seasta,
   ansiúd sa tsoitheach chré.
Í féin a deir sí agus deir sí sin go foirfe, lena crot, lena cineáltas
   lena cumhracht, lena ciúnas.
Má shiúlaim róchóngarach dithe cuirim ar crith í, ar tinneall.
   Mothú ar fad atá inti
agus í ag breathnú agus ag braistint, ag ceiliúradh na beatha
   le niamh dhearg a hanama.
An é go bhfuil mé gafa i gciorcal draíochta an bhlátha seo, go bhfuil
   ciapóga ag teacht orm?
Ní hé go dteastaíonn uaim a bheith i mo lilí, cé go mbeinn sásta
   leis an chinniúint sin
in cé bith ioncholnú eile atá i ndán domh sna saoltaí romham amach.
   Níl uaim i láthair na huaire
ach a bheith chomh mór i dtiúin le mo nádúr daonna is atá
   an lilí seo lena dúchas lilíoch.
Níl uaim ach a bheith chomh mór i mo dhuine agus atá an lilí
   ina lilí - an lilí bhándearg.

What force I feel to drive my green self
through a fuse of words, the lily has long
mastered. She needs no more art than nature
to declare her genius. Enough for her to stay
put and placid in her clay vase, her own
fervent prayer in shape and sort. Scent
and silence. If I step too near, she tenses.
Trembles. All feeling. Watching. Waiting.
Singing life with the tongues of her lustre-red soul.
Has this flower overpowered me? No.
Even though I'd be happy with that incarnation
in some future life, all I want now
is to be as human as the lily is *lilium*,
as much myself as that lily, in the pink.

DO ISAAC ROSENBERG

Le bánú an lae agus muid ag teacht ar ais
i ndiaidh a bheith ag suirí i mbéal an uaignis
d'éirigh na fuiseoga as poill agus prochóga Phrochlais

agus chuimhnigh mé ortsa, a Isaac Rosenberg,
cathshuaite i dtailte treascartha na Fraince, ag éisteacht
le ceol sítheach na bhfuiseog le teacht an lae

agus tú ag pilleadh ar do champa, thar chnámha créachta
do chairde, ruaithne reatha na bpléascán, creathánach,
ag deargadh an dorchadais ar pháirc an chatha.

Ag éisteacht le meidhir na bhfuiseog idir aer agus uisce
thaibhsigh do dhánta chugam thar thalamh eadrána na síoraíochta, líne,
ar líne, stadach, scáfar mar shaighdiúirí ó bhéal an áir

agus bhain siad an gus asam lena gcuntas ar an Uafás:
as duibheagán dubh na dtrinsí, as dóchas daortha na n-óg, as ár
agus anbhás, d'éirigh siad chugam as corrabhuais coinsiasa –

mise nach raibh ariamh sa bhearna bhaoil, nach dtug
ruathar mharfach thar an mhullach isteach sa chreach,
nár fhulaing i dtreascairt dhian na fola;

nach bhfaca saighdiúirí óga mar bheadh sopóga ann, caite
i gcuibhrinn mhéith an áir, boladh bréan an bháis
ag éirí ina phláigh ó bhláth feoite a n-óige;

nach raibh ar maos i nglár is i gclábar bhlár an chatha,
nár chaill mo mheabhair i bpléasc, nár mhothaigh an piléar
mar bheach thapaidh the ag diúl mhil fhiáin m'óige.

Ó ná hagair orm é, a Isaac Rosenberg, d'ainm a lua,
mise atá díonaithe i mo dhánta i ndún seo na Seirce
agus creach dhearg an chogaidh i gcroí na hEorpa go fóill.

FOR ISAAC ROSENBERG

At dawn, we gave up our courting
out in the wilderness. Larks soared
from the bog-holes and hollows of Prochlais.

Then I thought of you, Isaac Rosenberg,
war-weary in the 'torn fields of France',
stunned by the siren larks, one dawn

as you returned to your camp over the ruined
bones of friends, shaken, with bombs
pouncing on the red and black battlefield.

The larks' joy between air and water
brought your poems across eternity's barricade, line
by line, stutteringly, scared, like soldiers in battle,

and they stopped me in my tracks with horror:
the dark pits of trenches, youth's smashed-up
hopes, the carnage wracked my conscience,

I who was never within an ounce of my life,
who never had to pile over the top and into battle,
who never lost out in any of the bloodshed,

I who never saw young soldiers torched
and dumped in an open field of slaughter,
their blighted bodies stinking with death,

I who was never plunged in the mud and mire,
never shell-shocked or stung by a bullet
sucking out my life like some crazy bee honey ...

O, don't mind me, Isaac Rosenberg, calling you
from here, my safe-house of love poems,
while Europe still eats its heart out;

Ach bhí mo chroí lasta le lúcháir agus caomhchruth álainn
mo leannán le mo thaobh, gach géag, gach alt, gach rinn,
gach ball de na ballaibh ó mhullach go talamh mo mhealladh,

sa chruth go gcreidim agus muid i mbachlainn a chéile
go bhfuil díon againn ar bhaol, go bhfuil an saol lán d'fhéile,
go bhfuil amhrán ár ngrá ina gheas ar gach aighneas.

Agus tá na fuiseoga ag rá an rud céanna liomsa a dúirt siad leatsa
sular cuireadh san aer tú, sular réabadh do chnámha –
Is fearr cumann agus ceol ná cogadh agus creach;

agus cé nach raibh mé ariamh i mbéal an chatha
agus cé nach bhfuil caite agam ach saol beag suarach, sabháilte,
ag daingniú mo choirnéil féin agus ag cúlú ó chúiseanna reatha;

ba mhaith liom a dhearbhú duitse, a fhile, a d'fhán go diongbháilte
i mbun d'fhocail, a labhair le lomchnámh na fírinne ó ár an chatha –
go bhfuil mise fosta ar thaobh an tSolais, fosta ar thaobh na Beatha.

only mine was light with joy, my lover
beside me in all his glory, every limb,
joint, rim, every bit of him tempting me

to believe that we're safe together,
that life is for feasting
and love wards off trouble.

The larks tell me what they told you,
before you were blown to pieces –
that love and music beat war and empire;

and though I've never been in action,
though I've had a safe, ordinary life,
looking after my own and keeping out of it,

I want to assure you, poet whose truth
was bared to the bones in World War 1,
I too am on the side of light, and of life.